サムライ留学生の恋

熊田忠雄

集英社インターナショナル

サムライ留学生の恋

はじめに

明治新政府は近代国家建設のために欧米の先進知識と技術の導入が急務であるとして、向学心に燃える若者たちに海外留学を奨励した。これに応えて海を渡ったのは、新たに「華族」という社会の上層階級に組み込まれた旧大名や公家をはじめ、旧幕臣や諸藩士およびその子弟たちで、ほとんどが前時代にそれなりの教育を受けてきた者たちであった。

彼らの海外留学のピークは明治三年（１８７０）から同四年にかけてで、その数は三百五十人から三百六十人にのぼったという（『近代日本の海外留学史』石附実《いしづきみのる》）。留学先としてはほとんどがイギリス、ドイツ、フランス、アメリカなど当時の先進諸国で、中でもドイツへは医学や兵学を志す者たちが競うように向かった。

生まれて初めて島国を飛び出し、異国の地を踏んだ若者たちはたちまち、現地の学術、文化レベルの高さに衝撃を受け、何としてでも新知識を吸収して祖国の発展に寄与するのだと意気に燃えながら学業に励んだ。

その一方で、慣れぬ異国暮らしに不自由さや心細さを覚え、遠い祖国を思い出しては人恋しさを募らせる者も少なくなかった。そんな時、多感な青年たちの前に、やさしく声をかけ、親切に手を差し伸べてくれる女性が現れれば、心を奪われたとしても不思議はない。

筆者が最近読んだ『ひとり白虎』（植松三十里《みどり》）という小説にも、留学生の恋の話が登場した。主人公は飯沼貞吉《いいぬまさだきち》という元会津藩の白虎隊士で、戊辰戦争の際、仲間たちと自刃を図るが、思いを遂げられず、たった一人生き残った実在の人物である。やがて傷も癒え、体力を回復した貞吉は怨敵長州藩士の庇護《ひご》を受けるなど、数奇な運命をたどり、明治三年、駿府《すんぷ》（現静岡市）に移った徳川宗家の創設した静岡学問所に入所する。ところが学校の雰囲気に馴染めず、思い悩んでいたところ、ある日、隣接する静岡藩病院長の林研海《はやしけんかい》と出会う。林は貞吉の境遇に深く同情し、次なる進路について助言を与える中で、若き日のオランダ留学時代のこんな体験談を披露した。

「私はオランダに六年いたが、向こうで苦労した。最初は医学校の勉強についていかれなくて、焦るばかりだったし、友人もできずに孤独だった」

「ならば、先生は」

さらに遠慮がちにたずねた。

「どうやって、そこから抜け出されたのですか」

「聞きたいか」

「聞きたいです」

[中略]

研海は少し照れたような顔をした。

「女がいたんだ」

「オランダ人の？」

「そうだ。こんなことを言うと笑われるかもしれないが、彼女といると心が安らいだ。[中略] 彼女に出会うまでは、人の情けなど受けられるかと強がっていた。それが変わったんだ」

「その女の人とは？」

「帰国の時に別れてしまった。支えてくれたのに、そんな仕打ちをして、今も申しわけなかったと悔いている」


林がオランダ滞在中に、現地女性とわりない仲となり、帰国時にその女性と別れ話をめぐってひと悶着あったのは事実のようである。彼は幕府派遣の留学生という立場を考え、帰国時までに女性関係を清算しなければと焦ったのだろう。

林ら当時の留学生たちが育った社会は、武士道という独特の倫理観、道徳観によって行動が厳しく律せられていた。男女関係においても、家と家の結びつきが優先されたため、自由に恋愛することは許されず、それどころかサムライとして女性にうつつを抜かしていると見られるのは、恥ずべきこととされた。会津藩では藩校日新館へ入学前の六歳から九歳の子供にも「戸外で婦人（おんな）と言葉を交えてはなりませぬ」（『日新館童子訓』松平容頌《かたのぶ》）と教え込んだほどである。

ところが渡航した先は日本とは異なり、制約の少ない社会で、女性も自分の考えや感情をはっきりと表に出し、個人の責任において行動した。それは常に男性より一歩下がり、忍従や犠牲の精神を美徳とする日本女性の生き方とは対極にあるもので、留学生たちも初めは戸惑いつつも、日が経つにつれ、彼女らこそが人間らしい「近代女性」であるとの思いを深め、恋に落ちる者が相次いだ。

明治の早い時期に欧米諸国へ渡った「サムライ留学生」と現地女性とのラブロマンスが最も多く生まれたのはドイツといわれている。そのドイツでのケースといえば、わたしたちが真っ先に頭に思い浮かべるのは自伝風小説『舞姫』で、エリスとの悲恋を描いた旧津和野藩（現島根県）出身の森鷗外だが、そのほかにも駐独公使、駐米大使、外務大臣などを歴任し、日本の近代外交の礎を築いた一人とされる青木周蔵、「日本の毛織物工業の父」と呼ばれた井上省三《せいぞう》、「日本の林業の父」と呼ばれた松野礀《はざま》ら旧長州藩出身の三人組や、「日本の薬学の父」と呼ばれた旧徳島藩出身の長井長義《ながよし》、製紙技術者として活躍した旧土佐藩出身の山崎喜都真《きつま》、旧松江藩出身の物理学者北尾次郎など錚々《そうそう》たる人物がおり、さらに皇族の北白川宮能久《きたしらかわのみやよしひさ》親王という変わり種もいる。

イギリス人女性とのケースでは、長州藩士高杉晋作の義弟の南貞助《ていすけ》、山城国の郷士出身で、日本人の国際結婚第一号とされる尾崎三良《さぶろう》、近江国の僧侶の息子で倒幕運動に奔走した三宮義胤《さんのみやよしたね》、旧土佐藩士の子息で、男爵イモの開発者川田龍吉《りょうきち》、最後の伊勢・津藩主の嫡男藤堂高紹《たかつぐ》らがいる。

またアメリカ人女性とのケースでは、旧信州上田藩主の弟の松平忠厚《ただあつ》、旧松江藩出身でカール・マルクスに会った唯一の日本人とされる飯塚納《おさむ》、旧盛岡藩士の家に生まれ日本人の精神風土を論じた『武士道』という著作で知られる新渡戸稲造《にとべいなぞう》、旧二本松藩士を父に持つ国際的歴史学者の朝河貫一《あさかわかんいち》らがいる。このほか旧加賀藩前田家の御典医の息子で、タカジアスターゼやアドレナリンを発見した化学者の高峰譲吉もこの国の女性と恋に落ち、結婚しているが、それはイギリス留学を終えて帰国し、改めて渡米した時のことである。

今の世なら、日本人と外国人との恋愛や結婚はとりたてて珍しいことではなく、日常的にそうしたカップルを街で見かける。だが時は一世紀半も前のことである、長崎、横浜、箱館などの港町や東京に暮らす者を除けば、大半の日本人にとって外国人を目にする機会などなく、まだまだ「異人さん」は珍しい存在であった。地方に暮らす者であれば、なおさらである。

こんな話がある。イギリス人の女性旅行家イザベラ・バードは明治十一年（1878）五月に来日し、北日本各地を巡ったが、彼女の足を踏み入れたほとんどの地域で、住人たちはそれまで外国人に接したことがなく、無遠慮に好奇の視線を彼女に浴びせたという。たとえば旧会津若松城下（現福島県）のはずれを通過した時のことを彼女はこう記している。

外国人がほとんど訪れることもないこの地方では、町のはずれで初めて人に出会うと、その男は必ず町の中に駆けもどり、「外人が来た！」と大声で叫ぶ。すると間もなく、老人も若者も、着物を着た者も裸の者も、目の見えない人までも集ってくる。宿屋に着くと、群集がものすごい勢いで集ってきたので、宿屋の亭主は、私を庭園の中の美しい部屋へ移してくれた。

（『日本奥地紀行』イザベラ・バード著、高梨健吉訳）

青木周蔵らのように幕末、藩から洋学修業のために長崎へ派遣され、欧米人教師のもとで学んだ者であれば、外国人アレルギーも多少希薄になっていただろうが、大半の留学生は外国人との接触機会もほとんどないまま、日本を離れた。

そんな彼らも留学先の地で、髪や肌、目の色、言語、生活慣習、宗教などの異なる女性によもや心を奪われるようになるとは、考えもしなかったはずである。ある留学生の母親は、現地の息子に、くれぐれも青い目の女性を連れて帰って来ることなどなきよう、戒める手紙を書き送ったりもしている。

だが彼らの中には旧習の呪縛から解放され、カルチャーギャップをものともせずに、異国女性との交際に突き進んでいく者がいた。その行動力はまさに青年ならではの怖いもの知らずで、「愛に国境はない」を地で行くものだった。とはいえ、やがて結婚という話が持ち上がると、双方の親族や周囲の者からさまざまな懸念や反対論が噴出し、当人たちの前に立ちはだかった。

本書では明治の初期、ドイツ、イギリス、アメリカに留学し、現地女性と恋に落ちたサムライ経験者、もしくはサムライの血をひく者たち九名を取り上げ、彼らが留学先でいかにして現地女性と出会い、いかなる交際を経ながら親密な関係を築いていったかをたどり、その結末を紹介する。同時に欧米の地に芽生えた日本人と現地女性との恋愛や結婚について、当時の欧米社会と日本社会はそれぞれどのように反応したのか、男女関係から見た異文化衝突の実相に迫ってみたい。

本書で引用した史料については、原文による紹介を原則としたが、そのままでは理解しにくいと思われる箇所もあるため、筆者の責任で、カッコ内に現代語訳や注釈を加えたり、要約した語句を挿入した。また旧漢字を新漢字に、カタカナを平仮名に替え、適宜、句読点やルビを付したことをお断りしておく。

また煩雑さを避けるため、本文内で用いた書物の著訳者や登場人物の敬称は省略した。

目次

＊本文記載の年齢は満年齢である。

＊引用内の〔〕は筆者による注である。

＊本書の中には、今日の人権意識からみて不適切な表現を用いた部分があるが、歴史的資料のため、あえて当時の表記通りにした。

第一章　ドイツ女性との恋

ドイツ女性との恋◎関連年表

年	―青木周蔵―	―北白川宮能久親王―	―井上省三―	［日本・世界の出来事］
1844	生誕			
1845			生誕	ベルリン三月革命（1848）
1847		生誕		ペリー来航（1853）
1865	青木家の養子に入る。テルと結婚			
1868	ベルリンに留学	京都で謹慎の身となる		明治維新／戊辰戦争（1868）
1870		謹慎を解かれ、ベルリンに留学	木戸孝允に従って上京／ベルリンに留学	
1871				ドイツ帝国成立／廃藩置県（1871）
1872		北白川家を相続		太陽暦採用／学制頒布（1872）
1873	外務省入省／この頃エリザベートと出会う			
1874	特命全権公使を任ぜられる		帰国命令を受けるも自費で留学延長	
1875		プロイセンの陸軍大学に入学／この頃ベルタと出会う	製絨技術習得証書を取得。帰国	樺太・千島交換条約（1875）
1876	エリザベートとの結婚を決意	未亡人ベルタと婚約	木戸の協力を得て内務省へ／ドイツ出張	
1877	外務省が結婚を許可	帰国、婚約破棄／京都で再び謹慎	ヘードビヒと挙式／帰国	西南戦争（1877）
1878		光子（山内容堂の娘）と結婚		ベルリン会議（1878）
1879	エリザベートと帰国、娘ハナ誕生			
1880	駐独公使として再びベルリンへ			鹿鳴館開館（1883）
1885		光子と離婚		
1886		伊達宗徳の次女富子を後室に迎える	肺疾患で死去	日清戦争（1894）
1895		台南でマラリアに罹り死去		
1914	那須塩原市にて死去			第一次世界大戦勃発（1914）

青木周蔵と
エリザベート・フォン・ラーデ

［私が求婚したいと思っている女性は］非常に教養も高く、かわいらしく素敵な人で、［中略］ぞっこんほれ込んでいる。［中略］もし［中略］あの女性が私の申し込みに応じてくれるなら結婚ということになるであろうから、［中略］どんな場合にも味方になっていただきたい。

（『品川弥二郎関係文書1』尚友倶楽部編／以下『関係文書』）

ぞっこん

これは明治九年（1876）、ベルリン駐在のドイツ特命全権公使、青木周蔵が旧長州藩時代からの友人である品川弥二郎へ送った手紙の一部である。当時三十二歳の少壮外交官である周蔵がぞっこん惚れ込んだ相手とは、ドイツ・ポンメルン地方（旧東ドイツ領のバルト海に面した地方）の名家出身のエリザベート（エリザベット）・フォン・ラーデという二十七歳の女性であった。

エリザベート・フォン・ラーデ
那須塩原市教育委員会提供

青木周蔵

早くからヨーロッパ留学を希望していた周蔵に、明治元年（1868）、ようやく藩より医学修業のため、三カ年のプロシア（のちのドイツ）留学の許可が下り、同年十月に長崎を出発、フランスを経て翌年の春ベルリンに入った。

しばらくドイツ語を学んだあと、明治三年（1870）春、フリードリヒ・ヴィルヘルム大学（現フンボルト大学）医学部に入学するが、まもなく周蔵の気持ちに変化が起きる。それは藩から命じられた医学修業ではなく、もともと関心のあった政治学を学びたいという思いだった。周蔵は独断で専攻学科の変更を決め、同年冬、法学部へ移った。『青木周蔵自伝』（以下『自伝』）の中で、彼は専攻学科を変更した理由についてこう述べている。現代語訳する。

当地に来て、自分がこれまで学んできたオランダ医学の源流はドイツにあり、諸学術の中でも最も習得困難とされる医学がこの国では格段に発達していることを知った。オランダ人もドイツ医学のレベルの高さには深く尊敬の念を抱いているほどだから、その他の学問分野についても間違いなく他国に比べて進んでいるはずである。つい先年、この国はオーストリアとの戦争に勝利し、目下、旭日昇天の勢いが続いている。そこで自分がかねてより学びたいと思っていた政治学［周蔵は政法の学と表現］を修めるのに、これほどふさわしい国はないと考えたのである。

ところが周蔵の無断学科変更はこのあと物議を醸す。たまたま山県有朋《やまがたありとも》らと視察旅行でドイツを訪れていた旧長州藩士の御堀《みほり》耕助がこのことを問題視し、「なぜ、おぬしは医学修業せよとの藩命に背いて、政治学を学んでいるのか、政治学を学びたいという者なら、他に適任者がいたはずだ。けしからんではないか」と、周蔵を難詰した（『自伝』）。

これに対し、周蔵はとっさに機転を利かせ、友人の医学生から借りた解剖学書と人骨の模型を携えて、御堀の宿舎を訪ね、「ほら見てくれ」とばかり医学修業中であることを示し、急場をしのいだ。その一方で密かに山県とも接触し、政治学を学ぶことの重要性を切々と訴え、転科の了解を取り付けるとともに、帰国後に藩庁へうまく弁明してくれるよう依頼した。結局，山県のとりなしによって、一件落着となり、周蔵は窮地を脱することができた。周蔵の「技あり、一本!」というところである。

その後、廃藩置県により藩が消滅したため、彼の身分は国の官費留学生へと切り替わったが、引き続き熱心に学業に励んだ。この頃、日本からドイツへ留学する者が急増し、しかも彼らの希望する専攻分野が医学と兵学に集中していることに、周蔵は危機感を抱いた。日本の近代化のために多様な分野を学んだ人材が必要であると考えた周蔵は、彼らに専攻学科を変更するよう説いた。応じる者もいれば、頑として聞き入れない者もおり、要らぬお節介と反感も買うこともあった。

だがこうした活動が本国で評価され、明治五年（1872）一月、周蔵は政府から北ドイツ留学生総代に任じられ、百名を超える日本人留学生たちを監督する役割を担うことになった。やがて自身は留学年限を迎えるが、帰国せず、同六年（1873）一月、当地在住のまま、外交官に転じ、日本公使館の一等書記官心得という官職に就いた。

厳密に言うと、周蔵がエリザベートと知り合い、恋に落ちたのは留学生時代ではなく、外交官に転じてからである。だがいつ、どこで、どのようなきっかけで出会ったのかについては、はっきりせず、彼の自伝の中にも記述がない。いや自伝には出会いどころか、エリザベートの「エ」の字も登場しない。おそらく日本外交に生涯を捧げたことを強調したい彼は、若き外交官時代、女性にうつつを抜かしていたと誤解されぬよう、私生活の記述を意図的に避けたのかもしれない。

では恋に落ちた周蔵のその時々の心情をうかがえるものはないかと、あれこれ文献史料にあたってみると、冒頭で紹介したように、品川弥二郎宛てに送った手紙の中に残っていた。そこには彼女との恋の進展ぶりや結婚を急ぐ気持ちが正直に綴られており、親友だけには本心を吐露していたことが分かる。

周蔵がドイツから品川へ送った手紙のうち五十三通は前掲の『関係文書』に採録されているが、その大半はドイツ語交じりで書かれている。品川もドイツ留学の経験があり、ドイツ語を解したからである。『関係文書』ではドイツ現代史に詳しい歴史学者の木畑和子が監訳を担当しており、本稿ではその訳文を用いる。

恋のはじまり

周蔵が品川に「此程私はある少女と知り合った」と、恋人の存在を初めて打ち明けたのは、明治九年（1876）初夏の手紙である。ところがこの頃、二人の恋は既に進行中であったことが、そのほかの手紙から推測できる。

筆者は周蔵がエリザベートと出会った時期を、明治六年（1873）一月に在ベルリン日本公使館の一等書記官心得として働き始めてから、本省勤務のため帰国する翌七年一月までの間ではなかったかとみる。なぜなら日本滞在中、彼女との結婚に向けて具体的な行動をとっているからである。

彼女と知り合った頃の周蔵といえば、言葉の不自由さもなくなり、現地の生活にも十分馴染んだ時期である。彼は一等書記官とはいえ、当時この国に駐在する日本の公使がいなかったので、事実上全権を代表する立場にあった。このため新興国日本の若き気鋭の外交官として、当地の上流階級の人々の集うさまざまな会合やパーティにも頻繁に顔を出す機会があり、そうした中で彼女と知り合い、恋に落ちたものと思われる。

品川に告白するまでの間、周蔵は胸の中で、密かに愛を温めていたのであろう。明治九年（1876）五月四日付の手紙では、こんな詩をエリザベートへ贈ったことも報告している。

「きみのやさしい顔をまのあたりに見ることに勝る甘き喜びは我が人生にあり得ない。昼はきみを思い、夜はきみを夢見る。きみの唇以外、この世のいずこにわが傷をいやすものを求められよう。私にやさしく語りかける、あの魅惑的な声よ」

（『関係文書』）

当時の日本男児の作とは思えぬほど、甘美で情熱的な言葉を連ねている。手紙を読む限り、彼はドイツ娘に対し、偏見や抵抗感を抱いた形跡はない。一人の女性にただひたすら恋をしたと言ってよい。周蔵が「ある少女」と記したエリザベートとの出会いが明治六年（1873）だとすれば、当時彼女は二十四歳である。

筆者は栃木県那須塩原市内に残る旧青木家那須別邸を訪ね、館内の展示室で、若き日の彼女の写真を見たが、その美貌はなかなかのものであった。

明治末年に出版された『明治大臣の夫人』（岩崎徂堂《そどう》）に、若き日の彼女の容姿を褒め称える次のような記述がある。

夫人［エリザベート］が年頃になるに従い、四方より申込む縁談に、親御たち

> も持て余す程であった、それに加えて、黄金のような髪毛と、愛くるしい目つきは、正に多血男子を悩殺するの力があり、スラリっとした丈で高いといふ程でもない体格に、花の様なる容貌は、貴族社会の目を惹いたも、無理ないこと、夫人の娘時代の評判は却々《なかなか》大したものであつた。

彼女の家系は両親がともに男爵家出身の名門貴族で、父親は貴族院議員を務めていた。一家はポンメルン地方で裕福に暮らし、長女のエリザベートも十分な教育を受けながら育った。まさに彼女には令嬢という言葉がぴったりであった。父親の仕事上、おそらく首都のベルリンにも別宅があり、彼女もそこで暮らしていた時期があったと思われる。

周蔵が彼女に魅せられたのは、こうした美貌や知的な雰囲気だったのか。青木周蔵の精密な評伝を執筆した作家の水沢周《しゅう》は次のように推測している。

> 青木がエリザベートに心をひかれたのは、上流階級のドイツ婦人を妻とすることが、彼の今後の外交官生活にとってプラスになる面があると考えたこともあろうが、一つには井上省三や、井上とともに来独し、青木の勧めで林学を学ぶようになった松野磵などの恋愛に刺激されたこともあったのではないだろう

か。

（『青木周蔵――明治外交の創造〈壮年篇〉』）

井上や松野というのは、いずれも周蔵と同じ長州出身の留学生で、周蔵より二年遅れてドイツに渡り、彼らも当時、現地女性との恋が進行中であった。また水沢が周蔵の恋について「外交官生活にとってプラスになる面があると考えた」と書いたのはどういう意味なのだろうか。『自伝』の校注を担当した坂根義久は、「妻にドイツ貴族の娘エリザベットを得たことが、さらにドイツ人の信用を博し、ドイツ皇帝とも親しく謁見できた」としている。

たしかにドイツ女性との結婚が同国駐在の外交官にとって外交活動にプラスとなったのは事実だろうが、初めから職業上のメリットのみを考えて彼女に接近したわけではあるまい。むしろ同郷の友人たちがドイツ娘との恋愛に夢中になっていることに刺激を受け、自分もエリザベートとの関係を深めようと思ったとみる方が青年らしくて納得がいく。周蔵は彼女に惚れたのである。

一方、彼女の方は周蔵と出会った時、日本や日本人についてどの程度、理解していたのであろうか。こんなエピソードが前出の『明治大臣の夫人』に紹介されている。

周蔵はドイツに到着した当初、打裂羽織《ぶっさきばおり》に大小の刀を帯び、チョンマゲ頭を大たぶさに結ぶといった奇妙ないでたちで、ベルリンの町を歩いていた。町の人はそんな彼を見て珍しがり、嘲り笑いを浴びせた。その時、親切な人物が周蔵に西洋風の紳士の格好に変えるようアドバイスし、彼もそれを受け入れて断髪、スーツ姿へと変身した。

後年、この話を聞いたエリザベートは「もし周蔵がチョンマゲに大小姿でベルリンに現れたのなら、わたしは妻になるどころか、握手だってしなかったわ」と言って大笑いしたという。明治の初め、現地事情に疎い日本人渡航者は、周蔵に限らず国内の生活スタイルをそのままヨーロッパに持ち込んだため、現地の人たちから奇異の目で見られることがしばしばあったのだろう。

既婚者周蔵

彼女への愛が深まるにつれて、周蔵は厄介な問題を日本に残していることが気になり始めた。それは彼がこの時「既婚者」だったからである。

話を進める前に、周蔵の生い立ちについて触れておこう。周蔵は天保十五年（1844）、長門国厚狭《あさ》郡小埴生《こはぶ》村（現山口県山陽小野田市）の医師三浦玄仲《げんちゅう》の長男として生まれた。

だから武家の出身ではない。幼い頃から学問に励み、長崎での医学修業を経て、藩の医学校である好生堂《こうしょうどう》に学んでいた時、高名な蘭学者であり、医師の青木周弼《しゅうすけ》、研蔵兄弟の知遇を得る。

慶応元年（１８６５）十一月、周蔵が二十一歳の時、藩主の侍医を務める研蔵から、是非青木家の養子にと望まれ、これを受け入れる。三浦玄明《げんめい》改め、青木周蔵の誕生で、士分となったのはこの時である。ちなみに周蔵という名は、養父の兄周弼の「周」と、養父研蔵の「蔵」から採ったものである。研蔵には世継ぎとなる子供がいなかったため、亡くなった兄周弼の遺児であるテルを養女としており、彼女と周蔵を夫婦にさせて青木家を継がせることにした。つまり周蔵にとって養子縁組の条件が、当時十七歳のテルとの結婚であった。

だがドイツへ渡った周蔵は日本に残してきたテルのことなど顧みることもなく、エリザベートにのめり込み、結婚を夢見て突き進んだ。そんな周蔵に日本政府から帰国の命が届き、明治七年（１８７４）元旦にドイツを発った。横浜に着いたのは三月、以後、しばらく日本勤務となり、その間、テルとの離婚問題に取り組む。

周蔵はまず青木家に対し、ドイツ女性との交際が進行中で、いずれ結婚するつもりであることを正直に打ち明け、テルと離婚したい旨を伝えた。そのうえでテルには新しい嫁ぎ先を見つけ、慰謝料代わりに持参金を持たせる。その金は自分が用意しようと申し出た。すると青木家側は当初、事情をのみこめず、思いも寄らぬ反応を見せた。それは周蔵がドイツ在勤中は現地の女性と暮らし、日本に戻って来た時は妻のテルと暮らせばよいのではというものであった。どうやら養子の周蔵が青木家から離籍すると、青木の家系が断絶してしまうため、何としても離婚は避けたいとの思いからだったとみられる。それにしても、この「内外別婚」という奇抜な発想はまるで落語の世界のような話である。

話し合いは紛糾したが、とりあえず青木家から離籍しないという条件で、テルとの離婚が成立し、焦点はテルの再婚先への持参金をいくらにするかに移った。そうこうしている間の九月三日、周蔵に対し、駐ドイツ特命全権公使の命が下る。となると、早々にドイツへ戻らねばならない。結局、持参金問題に決着がつかぬまま日本を離れることになった。

不在中の周蔵に代わり、青木家との交渉役を引き受けてくれたのが同郷の先輩木戸孝允《たかよし》である。周蔵は明治六年（1873）、岩倉使節団がドイツを訪れた際、一行の通訳を務め、副使である木戸と知り合った。木戸は周蔵と憲法や宗教問題などについて意見を交わすうちに、彼の非凡さ、有能さを見抜き、以後目をかけるようになった。そこでテルとの離婚問題についても一肌脱ぎ、解決へ向け協力しようと申し出てくれたのである。木戸の生家も青木家と同じく長州藩の藩医を務める家柄で、両家は萩城下の江戸屋横丁で近所同士であった。

求婚

　エリザベートに愛の詩を贈ったと書いてから、わずか二カ月後の明治九年（1876）七月五日付の品川への手紙の中で、周蔵は彼女に求婚したい旨を伝えている。こう記すと、出会ってから求婚まであまりにも性急過ぎるように思われるが、先に述べた通り二人は二、三年前から愛を育んでいたのである。

　この時の手紙では、まず前段で、時の外務卿寺島宗則から一方的に俸給の大幅削減を通告されたことを伝え、その威圧的な命令に「まことに面白くない」と、憤慨している。それまでの俸給ですらギリギリで、公使館の家賃の一部を私費から支払っているほどなのに、いったい寺島は何を考えているのかというのである。もっとも周蔵には俸給がダウンしては困る個人的事情もあった。

ただここだけの話だが、私はある女性に求婚したいという第一の目的があるので、ここに［ドイツに］もっと長くとどまるなら、後で加俸が得られることだけを望んでいるのである。

（『関係文書』）

このあと冒頭で紹介した「ぞっこん」発言が飛び出すのだが、ここで意味ありげなことを匂わせている。

「求婚がうまくいくように」近々例の女性と心が通じ合うかどうか、徹底的に試すためにチューリンゲンに旅行することにしている。〔中略〕どういう結果になるかわからないが、前もって内密に知らせておく。貴兄にとって寝耳に水とならないように。しかし当座はまだ秘密にしておいてほしい。（『関係文書』）

チューリンゲンとはドイツ中部の保養地である。そこで周蔵が彼女のことを「徹底的に試す」と記したのはいかなる意味だったのか。翻訳文では「心が通じ合うかどうか、徹底的に試すために」という部分に、意味ありげに。印や、印が付されている。前出の坂根によると、周蔵の口の悪さは定評があったと言い、事実、彼の手紙類の中にも男女関係についてかなりきわどい表現が随所に散見される。そこで『関係文書』の編集者たちも、彼の言わんとしたところを推察し、印を付したのかもしれないが、真偽のほどは不明である。

ともあれ、それから日をおかずに周蔵はチューリンゲンへやって来た。ただし二人きりの旅ではなく、彼女は母親や妹らと一緒だった。彼女の父親は数年前に世を去っていた。

昨年の冬以来、我々がお互いに抱き合っていた関心は私の心の中でますく高まり、またその乙女が私にひじてつを食わさないであろうことにも確信がもてたので、私はここにやって来たのだ。そして私がざっくばらんに結婚の申し込みをすると、［中略］それに同意が得られたのだ。私が彼女を愛するように彼女もまた私を愛しており、彼女はたぐいまれな高貴な決断をもって喜んで私の故国日本にお伴するであろうということ［後略］

（『関係文書』）

エリザベートは周蔵のプロポーズを快諾した。またこれを読む限り、二人は早い時期から結婚を意識して交際を続けていたことがうかがえる。

暗雲、そして

二人の間に問題はなかったが、彼女の親族から「ちょっと待て」との声が上がった。それは宗教のことである。父親亡きあと、後見役を務める彼女の伯父は周蔵について、その有能さを認めながらも、キリスト教に改宗するという条件を呑まなければ、結婚は認められないと言い張ったのである。一族の暮らすポンメルン地方は宗教に関して保守的な考えの強い土地柄であったという。
だが周蔵は改宗の要請を受け入れるつもりはなかった。

個人的な感情は別として、私にとって何より重要な政治的立場を考慮するからである。
（『関係文書』）

当時、条約改正を急ぐわが国に対し、アメリカなどからキリスト教を信仰していない国と対等の条約は締結できないとか、すべての日本国民がキリスト教に改宗しなければ、締結は困難であるなどとする圧力があり、国内の一部にはそれに同調する動きも出ていた。これに対し周蔵は、もし外部の圧力に屈し、政略的改宗を強行すれば、国内は大騒乱になるとし、信仰の自由は堅持すべきと考えていた。周蔵の有名な言葉が残っている。

若《も》し強《しい》て本件（改宗）を実施せられんと欲せば、請う、先ず予の頭を刎《はね》て、然る後断行せられよ。
（『日本の内と外』伊藤隆著）

一方のエリザベートは、周蔵の考え方に理解を示しつつも、親族に向かって自分の意思を面と向かって伝えることができず、板挟みとなって困り果てていた。周蔵は彼女の立場に同情しながらも、彼らの譲歩を待つしかなかった。

この頃、周蔵は頻繁に品川へ手紙を書いている。七月だけでも四度送っている。どの手紙もエリザベートを愛する言葉であふれ、「おのろけ」を読まされる品川の方もたまったものではなかったのではあるまいか。

こんな手紙もある。要約すると、「彼女はこれまで六人もの男性から求愛を受けたが、いずれも生涯を共にする決心がつかなかったと話した。なのに、有色人種の自分には大いなる愛を覚えてくれたのはなぜか。愛とはまことに不思議なものである」。

まさに明けても暮れてもエリザベートのことで頭が一杯となり、仕事も手につかなかったのではと思えるほどである。

こうしているうち、周蔵の心配は解消する。

貴兄はきっと私がドイツ人と結婚したいなんて、あまりにも大胆で軽率だといって非難するだろう。しかし、私はこの事に関する限り心を変える事は出来ないし、そもそも私のために多大な犠牲を払い、全てを耐え忍んでいるあの女性に、今更約束をたがえることなど出来ないのだ。［中略］私はこの数日間彼女から何通か手紙をもらったが、それによると彼女の親戚（祖父と叔母）は私との結婚に同意したそうである。すべてがきちんとなったら、私は貴兄に十二月三日、電信を打ち私［の結婚］に必要な書類を送って下さるようお願いするつもりだ。

（『関係文書』）

やっと彼女の親族の中に、二人の結婚を認めようとする動きが出てきて、周蔵をほっとさせた。そのうえで、彼は本国の「三、岩、木、大、伊、寺」、つまり三条実美《さねとみ》、岩倉具視《ともみ》、木戸孝允、大隈重信、伊藤博文、寺島宗則ら時の政府の実力者たちに、自分の今回の決断を認めてくれるよう働きかけてほしいと、品川に要請している。

日本の高官と貴族出身のヨーロッパ女性との結婚は初めてのケースなのである。ゆえに他の国際結婚の場合より、私の結婚は余計に考慮されてしかるべきであろう。

（『関係文書』）

自分たちの結婚が日独関係にとても有意義なことなのだと、「我田引水」的に正当性を強調しているところが面白い。同時にエリザベートの母親は娘が結婚後ただちに日本へ行ってしまうことに不安を抱いているので、結婚後も二、三年は現在の地位にとどまれれば申し分ないという身勝手な希望まで述べている。

周蔵は俸給の削減を求めてきた寺島と、初代の欧州担当公使としてドイツ公使も兼務したことのある鮫島尚信を煙たい存在と思っていたふしがあり、二人のことを蔭で、「二人の島」とか「両島」と呼びつつ、その動向を気にかけていた。旧薩摩藩出身の「二人の島」は当時、わが国の外交に大きな影響力をもつキーパーソンだっただけに周蔵も彼らに憎まれぬようしつつ、品川を介して自分の件をうまく取り計らってくれるよう口添えを頼んでいる。

婚約

十一月二日付けの手紙で、ついに婚約が成立したことを品川に報告している。

私はとうとうエリザベート・フォン・ラーデ嬢と婚約した。しかしその婚約がセンセーションを惹き起こさないよう意図的に公表はしなかった。［中略］ドイツ皇帝も我々に大変関心を寄せておられる。また我々の結びつきを知っている知人達は非常に喜んでくれている。

（『関係文書』）

明治九年（1876）十二月、ベルリンの周蔵から木戸のもとへも、ドイツ女性との結婚が正式に決まったとの手紙が届く。報告を受けた木戸は、日本の将来を考えると、国際結婚は結構なことだと歓迎し、しかも周蔵がドイツの有力者の子女を射止めたことを喜んだ。その後も木戸は周蔵と頻繁に連絡を取り合い、青木家の要望を彼に伝えるなど精力的に両者の調整に努めた。

木戸からドイツの周蔵に宛てた手紙の中に、テルに持たせる持参金の額について、腹を固めるよう促しているものがある。現代語で要約する。

「青木家からわたし［木戸］のところへ、キミが用意すると言っているテルの再婚先へ持参する金がいかほどになるのか、尋ねてほしいと、しばしば言ってきている。先方もあまり何度もせっつくのは気が引けると思っているようだが、自分としては五、六百両［原文ママ］くらいが妥当な線かと思う。キミもせいぜいその位の額を覚悟したほうがよいのではと思う。テルをもらってくれる相手方もおそらく持参金を期待していることであろうから、そろそろ決めたほうがよい。金額のことであれこれ、こうだと言い合うのもどうかと思う。この時期を逃してはテルもますます年をとり、再婚の機会も失ってしまうだろうから、決断する潮時だろう」
（『青木周蔵――明治外交の創造〈壮年篇〉』）

このあとも金額をめぐって折り合いがつかず、テルの再婚問題は難航した。周蔵とエリザベートのひ孫にあたるニクラス・サルム・ライファーシャイトによると、周蔵はテルに三度、ムコさんを紹介し、ようやく三人目と話がまとまったが、そのたびに持参金を支払ったという。

持参金の額は一千円とされるが、それは周蔵が毎回、相手方に支払った額なのか、三回の総額なのかは、はっきりしない。ともあれ、周蔵の提案に沿った形でようやく離婚話は決着をみる。これも木戸や品川らの尽力なくしては絶対に解決し得なかったと言ってよい。

いよいよ残る問題は日本政府から、いつ結婚の正式許可が下りるかに絞られた。明治政府は明治六年（1873）三月に太政官布告第一〇三号を公布し、日本人と外国人の結婚を認めたが、その規則の第一項で「日本人外国人ト婚姻セントスル者ハ日本政府ノ允許《いんきょ》（許可）ヲ受クヘシ」とした。

とりわけ周蔵の場合、国家機密に接し、国益のために働くことが求められている外交官であるだけに、政府部内でもより慎重に検討されたものと思われる。周蔵は木戸や品川らを通じ、速やかに許可が下りるよう、再三催促していたが、いっこうに進展しないため、しびれを切らしていた。

そこで周蔵は時の政府の最高権力者である太政大臣の三条実美にまで手紙を送り、ドイツ政府も自分とドイツ女性との結婚を歓迎しているので、速やかに許可が下りるよう力を貸してほしいと懇願している。

やっとのことで日本政府が許可を出したのは明治十年（1877）一月二十五日、挙式の二カ月前のことであった。

三月二十七日（ドイツ側の記録では四月二十日）、ついに周蔵はエリザベートとブレーメンの教会で結婚式を挙げる。時に周蔵三十三歳、エリザベートは二十八歳であった。この時、青木側の介添人を務めたのは陸軍武官としてドイツに駐在していた同郷出身で、三歳年下の桂太郎（のちの首相）である。

当時視察旅行でヨーロッパに滞在していた井上馨《かおる》は周蔵より結婚式を挙げたとの連絡を受け、木戸宛てにこんな下品な手紙を送っている。


「青木子も［中略］婚姻候よし申し来る　定めて当節は黒白裂敷《はげしく》戦争中と羨《うらや》

敷《まし》く存じ奉り候」

（『青木周蔵――明治外交の創造〈壮年篇〉』）

「黒白裂敷戦争中」とは、新婚夫婦の房事を指しているらしい。

愛する女性を妻に迎え、ベルリンで新婚生活が始まった。幸い結婚後ただちに帰国ということにはならず、周蔵は落ち着いて公務に取り組んだ。だがいずれは白人の妻、周蔵の言葉では「白女房」を連れて日本へ戻る日がやってくる。結婚式から半年ほど経った頃、彼は同郷の先輩山県有朋と友人品川のそれぞれの夫人宛てに次のような手紙を書き送っている。現代語訳する。

この春、私は結婚し、西洋人の女性を妻としました。ご存じの通り、日本と当地では、諸事異なり、言語作法も全く違いますので、妻からをそちらへご挨拶の手紙を差し出すわけにもいかず、誠に残念に思っております。つきましては帰国した際にはどうかどうか、他村の犬の様におあしらい下されず、よろしくご面倒をみていただきたく、今からお願い申し上げる次第です。

（『関係文書』）

「他村の犬の様におあしらい」という表現が面白い。

周蔵が五年におよぶドイツ全権公使の任を解かれ、身重のエリザベートを伴って帰国したのは明治十二年（1879）八月である。次に用意されていたポストは当時の日本にとって最重要課題である不平等条約の改正を担当する条約改正取調御用掛《がかり》であった。帰国してから四カ月後には長女ハナ（ハンナ）が生まれ、公私とも充実した日々を送っていたところ、一年も経ずして再び周蔵にドイツ公使就任の大命が下る。まさに「余人をもって代え難し」ということなのか、青木一家はドイツへ舞い戻って行った。

さらに周蔵はなんと、このあともう一度ドイツ公使を拝命している。同じ国に外交使節の長（特命全権公使）として三度も赴任した日本人外交官は周蔵をおいていない。したがって周蔵のドイツ滞在期間は、留学時代や一等書記官時代を含めると、実に二十三年にもおよび、それは生涯のほぼ三分の一に相当する。誰よりもドイツという国を熟知し、ドイツ人を愛した周蔵のことを、世間では「ドイツ翁」と呼んだが、その一方で、あまりにドイツに肩入れし過ぎるため、「ドイツ癖」とか「ドイツ狂」などと揶揄《やゆ》する声も聞かれた。

周蔵とエリザベートの関係を振り返ってみると、当人同士は初めからカルチャーギャップを気にすることなく意気投合し、一時期、彼女の親族から改宗要求を持ち出されたりしたものの、最後は周蔵の優秀さを評価して、それを取り下げたため、ゴールへ到達することができた。

日本の外交官とドイツの名門貴族の娘との結婚は日独国際結婚の栄えある第一号かと思いきや、わずか一カ月のタッチの差で、留学生仲間の松野磵とクララ・ツィーテルマン夫妻に先を越されている。ちなみに周蔵の愛娘ハナ（ハンナ）も、明治三十七年（１９０４）、ドイツ貴族で、駐日ドイツ公使館勤務の外交官アレキサンドル・フォン・ハッツフェルト・トラッヘンベルヒと結婚している。

北白川宮能久親王とベルタ・フォン・テッタウ

時に宮さんは老兄御存《ごぞんじ》之通り一昨年より或後家（但《ただし》貴族之由）とリーブ、シュワフト［恋愛関係］を相結居《あいむすびおり》候由之処、女房にするとか言《いい》てさわぐよしなり。実にタクトロース［不謹慎］之長蛇者野郎には閉口々々。昨年より帰国せぬと申立《もうしたつ》る主意は畢竟《ひっきょう》右之関係に基き候半《そうらわん》。小生は敬して遠［ざけ］られ、一切何事も承知不致《いたさず》候処、此節はぼんやり世間にも評あるよしなり。今夕は呼寄せ屹度《きっと》白状させたる上一処分可致《いたすべき》考に御坐候。

（『品川弥二郎関係文書1』尚友倶楽部編／以下『関係文書』）

日本公使のぼやき

前ページの引用は、前章でも紹介したドイツ駐在公使の青木周蔵が日本の友人・品川弥二郎宛てに送った明治十年（１８７７）一月十一日付の手紙である。この頃の周蔵といえば、自身の結婚問題で、てんてこ舞いしており、日本政府からの婚姻許可を今や遅しと待ちわびていた時である。それなのに当地に留学中の「宮さん」（皇族）が、女性問題でひと悶着を起こしたため、その対応に振り回され、自分の結婚問題にまで影響が出て、迷惑千万であると、ついついぼやきが出てしまったのである。

冒頭の手紙を改めて現代語訳してみる。

このところ宮様は弥二郎兄もご存知の通り、一昨年より当国の貴族出身のある未亡人と恋仲になっており、このほど、彼女を妻にしたいなどと言い出して大騒ぎしている。実に不謹慎な執念深い野郎で、ほとほと困っている。本人が去年から帰国しないと言い張っているのは結局、その女性と離れたくないからである。自分としては皇族の彼を敬ってはいるものの、彼からは煙たがられ、そのため詳しい事情を承知していない。近頃は二人の噂が当地の人々の口の端にも上っているようだ。本日夕方、宮様を呼び出し、今後どうするつもりなのか、きちんと白状させたうえで、対応を考えてみるつもりである。

青木の云う「宮さん」とは、伏見宮邦家親王の第九王子で、明治天皇の叔父にあたる北白川宮能久親王のことである。東京・千代田区の北の丸公園の南端に、馬にまたがった軍服姿の同親王の銅像がある。筆者はしばしば散歩の途次、この前を通るが、これまで足を停めて像を見上げている人に出会ったことがない。同像が周囲を木々に囲まれ、首都高速道路の出入り口付近という目につきにくい場所に置かれているということもあるが、彼が世間にそれほど知られた人物ではないからであろう。

だが戊辰戦争史に興味を抱く者の間では、彼はちょっとした有名人である。と言うのは同戦争の際、皇族ながら「朝敵」とされたという異色の経歴を持つ人物だからで、その数奇な前半生は子母澤寛《しもざわかん》や吉村昭の小説に詳しく描かれている。

二十歳を迎えた慶応三年（1867）五月、京都から江戸に下って上野の寛永寺に入り、貫主の座に就き、輪王寺宮《りんのうじのみや》と呼ばれるようになった彼は、鳥羽伏見での敗戦後、同寺で謹慎中の前将軍徳川慶喜《よしのぶ》の恭順の意を朝廷側に伝え、助命を嘆願するために奔走する。

しかし先方からにべもなく拒否されると、彼は上野の山に立て籠もる旧幕府軍の残党、彰《しょう》義《ぎ》隊《たい》に担ぎ出され、反官軍のシンボル的立場に押し上げられる。だが彰義隊は慶応四年（1868）五月十五日（陽暦七月四日）に勃発した上野戦争で、官軍の猛攻を受け、わずか半日で潰滅状態に陥った。

以後彼は天皇に向かって叛旗を翻した朝敵として追討される立場になり、彰義隊の残党や旧幕府軍の兵士らに守護されながら江戸を脱出する。品川沖から榎本武揚《えのもとたけあき》の率いる旧幕府艦隊の軍艦で常陸（現茨城県）の平潟《ひらかた》に上陸、以後、磐城平《いわきだいら》を経て会津に入り、米沢、仙台へと落ち延びる。

この間、旧幕府側三十一藩による奥羽越列藩同盟が結成されると、彼は盟主への就任を強く求められる。これに対し、自分は出家の身であるため、軍事的な指揮は執れないとしながらも、同盟の掲げる大義には異存はないとして、いわば名義上のトップ、象徴としての盟主ということであればと、これを受け入れる。

北白川宮能久親王
（ベルリンで撮影）
国立国会図書館蔵

盟主となって改めて現下の情勢を眺めると、新政府軍による旧幕府勢力への攻撃とは、薩長主導の何ら正当性のない私闘であるとの思いを強くし、同盟側の中心である仙台藩主伊達慶邦《だてよしくに》に徹底抗戦を呼びかける令旨（命令書）を与えた。

だが官軍側の近代兵器の前に同盟諸藩の拠点が次々と陥落するにおよんで、仙台藩もついに明治元年（1868）九月十五日（陽暦十月三十日）、謝罪降伏する。これによって輪王寺宮も身柄を拘束され、仙台から東京へと移送されるが、千住宿（現足立区）まで来た時、大総督府から派遣された軍監が現れ、朝廷からの命令を伝えた。吉村昭の小説『彰義隊』では、その軍監は、西国訛りの大きな声でこう告げたとある。

「輪王寺宮、大義を失いしかどにより、伏見宮あずけとする。よってただちに京におもむき、謹慎なさるべし」

京都での謹慎生活は約一年におよび、明治三年（1870）閏《うるう》十月二日（陽暦十一月二十四日）、江戸から名を変えた東京に戻った。これにより表面的には平穏な生活を取り戻したが、彼は周囲が依然として自分を厳しい目で見ていることに気づき、そんな環境から一刻も早く逃げ出したいと思った。それには兄の東伏見宮嘉彰親王《ひがしふしみのみやよしあき》（のちの小松宮彰仁親王《こまつのみやあきひと》）のように外国へ留学することだとの結論に達し、渡航許可を求めて嘆願書を太政官に提出した。希望する留学先は、兄の学ぶイギリスだったが、日を経ずして太政官の弁官（高等事務官）が天皇の命として伝えた行先は、プロシア（ドイツ）であった。

同年十二月、「宮さん」は随行留学生四名と下僕二名のあわせて六名を伴い、横浜からアメリカ商船で出発した。太平洋を渡り、アメリカ大陸を列車で横断、ワシントンに入った。現地ではアメリカ駐在公使に任じられた森有礼《ありのり》とともにグラント米大統領と会見している。ニューヨークからロンドンへ向かい、ベルリンに到着したのは明治四年（１８７１）二月十八日であった。

まずドイツ語の習得に努め、一通りマスターすると、同国の軍学校の教官らを招いて個人教授形式で諸学科を学んだ。この間、伏見宮智成《ふしみのみやさとなり》親王によって創設された北白川宮家が、同親王の死去により維持できなくなるため、彼が継承することになり、以後北白川宮能久（以下、宮と略す）と名乗った。

明治六、七年頃、宮がベルリンで、日本人の留学生たち十名と撮影した集合写真がある。中央に座る宮を取り囲んでいるのは、旧出羽庄内藩主の酒井忠篤《ただずみ》、その弟の忠宝《ただみち》、公家の坊城俊章《としあや》、武者小路実世《さねよ》、松ヶ崎萬長《つむなが》ら旧大名や公家の子弟たちである。皇族の宮は当地の留学生の間でも一目置かれていたようだ。

宮はドイツ語と兵学の基礎を学んだあと、わずか半年間ながらドイツ陸軍に入隊し、訓練を受ける。ロシア駐在公使の榎本武揚が宮に会ったのは、ちょうどその頃である。思えば二人は戊辰戦争で、共に官軍と戦った「同志」という間柄であった。榎本は日本で留守宅を預かっている妻への手紙の中で、宮について次のように書いている。

> ベルリンにて上野ノ宮［輪王寺宮］様に御面会いたしたる処、不相替［相変わらず］御丈夫にて「プロイセン」の兵隊［の］中に入られ、日々調練、色［顔色］も黒くなられ、好《よ》き士官に可被成《なさるべく》候、青木［周蔵］の話に、この宮は宮の中［でも］一番［の］人物なりといへり、或は然らん歟《か》
>
> （『資料榎本武揚』加茂儀一著）

調練を終えた宮は明治八年（1875）十月、さらに軍事知識を深めるべく、同国の陸軍大学に第一期生として入学する。この頃、他の日本人官費留学生たちへは帰国命令が出されていたが、彼は特例として留学の継続が認められた。

未亡人との恋

宮がドイツ人女性と知り合ったのは、いつのことなのか、はっきりしないが、青木による

と、明治八年（1875）頃のことらしい。そして翌九年のクリスマスには彼女と婚約を交わしている。

彼が愛した女性とは、普仏戦争で命を落としたプロシア国の騎兵隊将校テッタウ男爵の未亡人ベルタである。彼女もまた男爵の娘であるから、貴族同士の結婚であった。宮がどんな経緯で彼女と知り合ったのか定かではないが、『明治天皇紀』（宮内庁編）の明治十年（1877）四月二十一日の項に次のような記述がある。

［能久親王は］七年十二月独逸国皇帝に謁見あり、爾後［以後］同国皇室の優遇を受け、其の近衛聯隊附となり、独逸国皇族・貴族並びに各国王子等との交際頻繁にして［後略］

宮はドイツ国の皇族や貴族などの集う場に頻繁に招待され、自らもパーティや晩餐会などを催すなどして、上流階級の人たちと濃密な交流を重ねたと思われる。そうした中で、貴族出身の軍人未亡人ベルタと出会い、恋に落ちたのであろう。ただ残念ながら彼女の容姿や人柄について記されたものは写真を含めて残っておらず、また宮が彼女のどこに魅せられたのかも不明である。

ところで宮のドイツ滞在が長くなるにつれ、留学費以外の交際費が膨らみ、年七千円の送金では不足を生じるようになった。このため宮は政府に対し、送金額を約三倍の二万円に増やしてほしいと要請するが、拒否される。本国では明治七年（１８７４）の台湾出兵の挙もあって国家財政は火の車で、皇族といえども、特別扱いできる状況になかった。ただでさえ宮への送金額は一般の官費留学生に比べてはるかに多いことに加え、現地女性との熱愛話が漏れ伝わっていたからなのか、政府部内では宮に対する風当たりも強くなっていた。

そこで明治九年（１８７６）四月、宮に対し、学業習得の目途もついたであろうから、帰国すべしとの命が発せられる。だが宮は学業の途中で帰朝すれば、数年間の勉学が水泡に帰してしまうとして、さらに二、三年留学を継続したいとの希望を申し出るが、認められず、同十年一月に再度、帰朝を命じられる。

燃えさかる恋の炎

実はこの時、宮は既にベルタ未亡人と婚約しており、留学期間の延長願いとともに同女との結婚の勅許を得るべく、宮内卿の徳大寺実則《さねつね》に内願の手紙を送っていた。同時に時の最高権力者である右大臣の岩倉具視《ともみ》にも同じ趣旨の手紙を書いている。つまり留学延長は結婚したい相手と離れたくないためで、二つの嘆願は表裏一体をなしていたのである。

婚約によって宮の気持ちは一層強固なものとなり、青木公使もお手上げ状態であった。明治十年（１８７７）一月三十一日の青木から品川宛ての手紙。

宮は「後家《ごけ》」と是非とも結婚をしたがっている。私はどうすることも出来ない。

（『関係文書』）

また追伸として「宮印之盲欲盲騒何卒程よく取押へ、事を廃止に帰し度と存し、種々心を砕き、何にもせよ速に当境を発足被為成候様心配仕候処、……」と書き添えている。青木の目には、恋に溺れる宮の振る舞いが「盲欲盲騒」状態、つまり正気の沙汰ではないと映り、一刻も早く帰国させなくてはと、考えていたことがうかがえる。榎本武揚は、青木が宮を皇族の中で一番の人物と評価していると語っていたが、それはどうやら青木の見込み違いだったようである。

これに対して当の宮は「文明の源流は婦人に発すと云ふ欧洲の通論に由り、独逸国貴族の女を娶《めと》りて皇家を助け国家に尽さんと欲す」（『明治天皇紀』）と、この結婚の意義を強調し、先にドイツ女性との結婚許可が下りた青木周蔵の例を挙げて、自分たちの場合も認められるべきであると訴えている。

ドイツ貴族の女性と結婚することが、なぜ日本の皇室や国家の発展、隆盛につながるのか、宮の言い分には理解し難いものがある。

その後も「宮問題」で頭を痛める青木は、繰り返し、宮を早く日本へ呼び戻すべきと訴えている。同年二月二十五日の品川宛ての手紙。

宮印の一件如何御取《おんとり》計《はからい》被下《くだされ》候や。実に府下は勿論世間一般に嘲笑いたし、［中略］、此比聞けは右婦人は格段なる金持に而《て》も無之《これなく》、却《かえっ》て宮印を引当［抵当］に「スペコラチョン」［投機］をする積りなどゝの事なり。兎角実否は不知候《しらずそうら》得共《えども》婦人は実に悪敷者《あしきもの》也。早く岩公へ示談して宮印を兎に角速《すみやか》に呼返すべし。

（『関係文書』）

現代語訳する。

宮様の件は如何なされるおつもりか。当地でも宮様の恋狂いの噂は市民の間にも広く伝わっており、もの笑いになっている。［中略］この頃、耳にしたところでは、あの婦人は格別の金持ちでもなんでもなく、むしろ宮様の財力を当てにしようという魂胆があるらしい。真偽のほどは分からぬが、とにかくあの婦人は実に評判の悪い人物だ。早いところ岩倉公へ事情を話して、速やかに宮様を日本へ呼び戻すようにすべきだと思う。

破談・帰国

宮からの強い訴えを受けて太政大臣三条実美以下、岩倉具視、木戸孝允ら時の政府のトップが協議した結果、皇族の一員である彼の結婚は青木のケースとは異なるとして、「事《こと》皇室の尊厳に関し、其の影響の人民に及ぼす所大なり［中略］皇族の外国人と婚嫁するを得るの規定なし、且《かつ》事［は］重大に属す、突然申請せらるる、軽卒［原文ママ］の至なり、決して聴許あらせられず」（『明治天皇紀』）という結論に達し、これを上奏する。

明治天皇も度重なる政府からの帰朝命令に耳を貸さない宮に強い怒りを示し、速やかに帰国すべしと命じた。さすがに宮もこれまで天皇が自分に示した寛容さや恩情を考えると、とても背くことはできないと観念し、彼女と別れて、帰国することを決意する。明治十年

（1877）五月、宮はベルリンを発ち、イタリア南部の港町ブリンディシへ向かい、そこから日本行きの船に乗った。

ところが宮は帰国する直前になって、不可解な行動に出る。それは自分とベルタ未亡人との婚約についてドイツの新聞に広告を出したことである。

王（宮）、留学中に独逸国貴族の女と私に［勝手に］婚約を結び、帰朝せんとするに臨み、之れを同地の新聞に広告せり。
（『明治天皇紀』）

当時ヨーロッパの上流階級では、婚約が成立した際に新聞広告を出すことが通例となっていたというが、それにしても、なぜ帰国を決断したにもかかわらず、宮はそのような挙に出たのだろうか。

推測するに、一つはドイツ社会に向けたメッセージである。一旦帰国し、天皇の裁可を得たうえで、必ず彼女を迎えに来る決意であることを、交流のあったドイツ皇帝以下、皇族、貴族たちへ示そうとしたのではという見方である。

もう一つは、ドイツに残す彼女へ向けたメッセージである。自分は日本へ帰るが、愛する気持ちにいささかも変わりのないことを天下に公表することで、もはや後戻りできない立場に自らを追い込んだという見方である。果たしてその真意はどうであったか。

新聞広告の件はすぐに日本へも伝わった。たちまち政府部内でも問題となり、ドイツ国との関係にも影響が出てはまずいということで、大臣、参議、外務・宮内の両卿らが内密に協議を重ね、最終判断を岩倉具視に一任することにした。

岩倉は苦慮した末、帰国していた宮に対し、ドイツ貴族夫人との婚約を破棄し、一連の行動について謹慎の意を示すよう求めることにした。八方塞がりの宮もこれを受け入れ、ベルタとの婚約破棄と京都での蟄居《ちっきょ》に同意した。明治十年（１８７７）七月のことで、彼にとっては二度目の蟄居であった。こうして宮の恋は実らずに終わった。ドイツに残されたベルタ未亡人がこのあと、どんな行動をとったのか、またいかなる人生を歩んだのかは定かでない。

北白川宮能久親王の婚約破棄騒動は極秘とされ、ごく限られた者が知るだけであった。森鷗外編の『能久親王事蹟』にも一切記述はないし、吉村昭の『彰義隊』にも、ドイツ留学時代のことが簡単に触れられているだけである。

天皇を激怒させたほどの「大事件」だけに、皇室としては表沙汰にしたくない「醜聞」だったからである。戊辰戦争での「朝敵騒ぎ」といい、ドイツでの「恋愛騒動」といい、能久親王は思い込んだら突っ走る猪突猛進タイプ、言い方を変えれば、きわめて純粋な人間だったのかもしれないが、皇族の中の「お騒がせマン」であったことは間違いない。

宮はその後、許されて軍人の道を歩む。明治二十八年（1895）一月に第二代の近衛師団長に任じられ、同年台湾で勃発した乙未《いつび》戦争、すなわち日清戦争後の残敵掃討戦に征討近衛師団長として出征するが、全土平定の直前、マラリアに罹患して死去する。享年四十八歳であった。

この宮の死について、歴史作家の加来耕三は興味深いことを記している。

この能久親王の死については諸説ある。ひとつは苛酷な風土の台湾へ送られたのは、上野戦争で朝敵になったことへの刑罰だという。また能久親王はピストル自殺との説もあり、これには目撃者の孫という人まで現れた。

（「北白川宮能久親王」『歴史研究』平成七年十一月号）

もし「朝敵刑罰説」であれば、「上野の仇を台湾で討つ」ようなものであり、ずいぶん執念深い話である。自殺説を含め、今となってはどれが真実やら確かめる術もない。ともあれ現地では兵士の士気にかかわるため、師団長の死は伏せられたという。彼の騎馬像が置かれているのは、旧近衛師団司令部の敷地内である。

死してなお

宮はドイツから帰国し、謹慎蟄居を経た翌年、旧土佐藩主山内容堂の長女光子と結婚するが、七年後に離婚、明治十九年（１８８６）に旧宇和島藩主伊達宗徳《むねえ》の次女富子を公爵島津久光の養女という形で後室に迎えた。同親王はこのほかに五人の側室を抱え、十人の庶子をもうけているから、なかなかの「発展家」だった。

それゆえに死後、またまたひと悶着が持ち上がった。宮の外妾であった申橋《さるはし》カネと前波栄の両人から北白川家に対し、自分たちの生んだそれぞれの男児は親王の後胤《こういん》なので認知してほしいという訴えがなされたのである。

そこで宮内省が事実関係を詳しく調査したところ、親王自身も生前、このことを承知していたとの証言があり、カネの生んだ芳之は親王の五男、栄の生んだ正雄は同六男であると認定された。

とはいえ、親王の遺言書の中に二人の息子を認知する旨の記載がなかったため、彼らを皇族として受け入れるわけにもいかず、北白川家ではとりあえず、他の庶子と同様に、富子未亡人が二人を引き取って養育することにした。

その後も、カネ、栄の両人から認知を求め、嘆願が繰り返されたのであろう。芳之が八歳、正雄が七歳を迎えた明治三十年（１８９７）、明治天皇がついに聖断を下した。平民でもなく、さりとて皇族でもない遺児たちの中途半端な立場を解消するため、二人を新たに華族として遇することとし、それぞれ伯爵に叙した。そのうえで芳之には「上野」、正雄には「二荒《ふたら》」という家名を与えた。

こうして北白川宮能久親王の落胤の身分は明治天皇の特段の配慮により確定した。亡き親王はまたしても明治天皇の恩情に助けられたことになる。彼は死してなお物議を醸した「お騒がせマン」であった。

北白川宮能久親王
富子妃殿下
©共同通信社

井上省三とヘードビヒ・ケーニッヒ

北白川宮能久親王の恋は実らなかったが、彼に随行してドイツへ渡った四人の留学生の中に現地女性と恋に落ち、結婚にこぎつけた者が三人いる。結婚した順に並べると、松野礀、井上省三、山崎喜都真となる。ここでは井上省三を取り上げる。

「東京千住製織所長・井上省三写真」
山口県文書館所蔵

木戸孝允との出会い

省三は弘化二年（１８４５）、長門国厚狭郡宇津井村（現山口県下関市）の大庄屋、伯野《はくの》瀬兵衛の次男として生まれ、同四年、厚狭《あさ》毛利家《もうりけ》の家臣井上半右衛門の養子になった。幼い頃から読書や算術を好み、とりわけ記憶力が抜群だったという。長じて慶応二年（１８６６）、幕府の長州征伐に際し、一隊を率いて敵の前線基地であった小倉城（現福岡県）攻略に立ち向かい、戦功を挙げる。その後山口兵学校に入り、蘭学を学んでいたところ、木戸孝允の知遇を得て、明治三年（１８７０）六月、東京遊学の機会を得る。

木戸の目に留まるほどだから、才気煥発《かんぱつ》の若者だったのだろう。この時省三は、世界の趨勢を眺めると、もはや蘭学を学ぶ時代ではないとして、ドイツの学術を修得したいとの意向を木戸に伝え、上京後はドイツ公使館員のケンペルマンについてドイツ語を学び始める。

それから半年も経たぬ明治三年（１８７０）十一月、省三のもとへ願ってもない話が舞い込む。当時伏見満宮《ふしみみつのみや》と称していた北白川宮能久親王のドイツ留学に際して随行を命じられたのである。その時の辞令がこれである。孛国《ぼっこく》とはプロシア国（のちのドイツ）のことである。

「井上省三
今般伏見満宮孛国勤学被仰付候ニ付随従申付候事
庚午十一月　辯官」
（『井上省三傳』）

これもまた木戸の推挙によるものとみてよい。この時、同親王の随行を命じられた留学生のうち、旧長州藩から省三と松野礀が選ばれた。

省三は北白川宮能久親王とともに明治三年（1870）十二月、横浜を出発、アメリカ、イギリスを経てドイツのベルリンに入ると、兵学を学ぶことにした。ところが当地で日本人留学生の監督役を務めていた旧知の青木周蔵から専攻学科の変更を強く勧められ、省三自身も国家富強の基礎は殖産にありとの思いを強くしたため、切り替えを決断する。新たに志したのは製絨《せいじゅう》技術、つまり毛織物の製造技術の習得で、ベルリンの南東約百六十キロに位置するザガン市（現ポーランド領）のカール・ウルブリヒト毛織物工場に一職工として入り、ゼロから学ぶことにした。机上の学問だけでなく、工場での実践を通して早く技術を体得しようと考えたのである。それだけに本人は寝る間も惜しんで努力し、明治六年（1873）三月、養父へ送った手紙にこう記している。現代語訳する。

私は今、工場で朝六時から夕方七時ないし八時頃まで息つく暇もなく、職人たちと働いています。そして工場での作業が終わると、八時から深夜一時までは読書時間と決めており、睡眠時間は毎日平均二時間ほどです。幸い、身体は壮健にて、昼間も腰を掛けることなく立ちっぱなしの作業ながら、疲れも覚えずに頑張っておりますので、どうかご安心下さい。
（『井上省三傳』）

まさに身体で技術を覚え、その裏付けとなる理論は書物によって頭に詰め込んだのである。省三の超人的な刻苦勉励ぶりは工場主をはじめ、職人仲間の間でも評判となり、各種の技術を進んで教えてくれるようになった。ただし高度の染色術だけは例外で、容易に伝授してくれなかった。何としてもそのスキルを身に付けてから日本へ帰りたいと、省三は気が急いた。

そこへ手を差し伸べてくれる人物が現れる。当地の有力な染色業者グスターフ・キヨウンク・ケーニッヒである。グスターフは町じゅうの噂になるほど、熱心に毛織物製造を学んでいる日本人青年の姿に心を打たれ、彼にならば、秘伝とされていた染色術を伝授してもよいと思ったのである。省三は感激し、グスターフのもとへ通い、一心不乱に技術習得に励んだ。

師の娘との恋

省三の仕事に対する真摯な態度に加え、親しみやすい人柄にグスターフはすっかり惚れ込み、家庭でもしばしばこの「好青年」のことを話題にしたのであろう。そんな省三にいつしか魅かれ、恋心を抱くようになったのがグスターフの次女のヘードビヒで、省三もまた彼女に好意を持った。省三の寄宿先がヘードビヒの姉マリーの嫁ぎ先であったということも、両者を近づけるきっかけとなった。

ヘードビヒの弟のルードルフによると、省三は現地の女性たちの間でも人気があり、誰が彼の心を射止めるか、関心を集めていたという。

礼儀正しく、よく気がつき愛きょうがあった彼は、女性の間でもすぐに好かれる幸せ者であった。しかし、彼が放った白羽の矢は、最終的に、長いことずっと見てきた私から言えば、肉体的な魅力に特にたけているとは言えないものの、快活で気立てのよい私の二番目の姉ヘードビッヒに立った。

（『井上省三とその妻子――ルードルフ・ケーニッヒの手記から』三木克彦編）

だが、省三がヘードビヒに接近したのは染色技術を習得する目的では、という心ない噂も流れた。いわゆる「将を射んと欲っすれば、まず馬を射よ」というわけだが、それはうがち過ぎる見方であろう。あくまでも若い二人の愛情がまずありきで、技術の習得は結果に過ぎないという見方が正しいと思われる。

残念ながら二人がいつ、どんなふうに知り合い、その後いかなる交際を経て婚約へこぎつけたのかは定かでない。ただ省三も休日には気分転換に努め、町の名士や有力者の家々に招かれて食事をしたり、パーティに顔を出すなどして過ごしたというから、ヘードビヒの家へも頻繁に訪れたことだろう。当時、この地では日本人が珍しがられたのである。

こうしているうちに明治七年（1874）四月、省三は留学期間の満了を迎え、政府から帰国命令が届く。しかし修業がまだ終わっていないとの理由で、期間延長を願い出ると許され、以後は私費をもってやり残した技術習得を目指すことにした。

ザガンでの一連の技術研修を終えたのは翌明治八年（1875）八月で、カール・ウルブリヒト工場より、次のような製絨技術習得の証書が交付された。

「日本井上省三氏は一八七三年初めより、当羅紗製造所に在り、努力忍耐よく紡績・機械・製絨及び仕上げ等に対する完全にして且必要なる知識を修得し、依って余等は茲《ここ》に彼が羅紗製造所の指導者たる才能を有することを安じて証明し得るものなり」

（『井上省三傳』）

もちろんこの間、ヘードビヒの父親から染色技術の奥義を伝授され、習得したことは言うまでもない。

このあと省三はザガンを離れ、日本へ向かうが、この時、彼は既にヘードビヒとの間で結婚の約束を交わしていた。だが父親のグスターフはまだ二人の婚約を認めていなかった。省三としても留学の目的を達成した以上、一度は帰国しなければならず、彼女には必ず迎えに来ると言い残して当地を去った。

ところで『井上省三傳』には「（ヘードビヒの父親は）省三の人物に敬服し、その女（むすめ）との結婚を要請した」とあり、結婚話がグスターフ側から持ち出されたようになっているが、前掲の『井上省三とその妻子』によると、少し話が違う。父親は省三の能力や人柄については評価をしていたものの、「人種としての日本人に対する疑問」「嫁ぎ先として遠過ぎる」「相手が異教徒である」「結婚後の日本人男性の行動に対する不信感」などの諸点を挙げ、当初難色を示していたという。

このうち嫁ぎ先が遠隔地で、再会できないのではという懸念や異教徒であることへの不満は、青木周蔵の場合と同じで、理解できなくもない。だが「人種として日本人が劣っている」という疑念は何に基づくものであったのか。さらに当時、社会的地位の高い日本人男性の間では結婚後に愛人を囲う風潮があるとか、亭主関白で妻を隷属させる傾向があるという風聞についても、決して間違いとは言えないが、そうした日本社会の「悪弊」がはるばるヨーロッパの地方都市にまで伝わっていたことに驚く。

帰国、再渡欧

明治八年（1875）十月末に帰国した省三には、就職先の確保という難題が待ち受けていた。官費留学生であれば、帰国後の就職先については政府が斡旋してくれたが、省三の場合、帰朝命令が出たあと、自費で滞在延長していたため、いわゆる私費留学生扱いとなり、優遇されなかった。

このため省三はまたしても木戸に泣きついた。実力者の力を借りようと、頻繁に木戸邸へ足を運び、『木戸孝允日記』には、約二カ月間に六回も通ったとある。この木戸詣でが奏功してか、翌九年の一月半ば、省三はようやく国の殖産事業を担当する内務省勧業寮への出仕が決まり、富岡（現群馬県）と堺（現大阪府）の製糸場を管轄する部署へ配属された。

勤め始めて二カ月後の明治九年（1876）三月、政府はわが国初の官営羅紗《ラシャ》製造工場の建設を決定する。当時兵士の軍服をはじめ毛織物製品はすべて輸入に頼っており、自前で製造する必要に迫られていたからである。これに伴い、製造機械の購入と技術者招聘《しょうへい》のため、専門知識を持った者がドイツへ派遣されることになった。となれば、省三ほどの適任者はほかにいない。

こうして帰国してわずか半年後に省三は再びドイツへ向かうことになった。離れ離れになっている婚約者と、これほど早く再会できると思ってもいなかっただけに嬉《うれ》しかったろう。同時にこの機会を逸しては彼女と結婚することも困難になるだろうと考えた省三は、現地で結婚式を挙げることを決意する。


ところが省三にはこの時、郷里に妻となる予定の女性がいた。何やら青木周蔵のケースとだぶるが、省三の場合は世に言う許嫁《いいなずけ》であり、周蔵のように正式に婚姻していたわけでない。その女性とは同じ厚狭郡の士族の娘カメで、明治三年（1870）三月、井上家に養女として入籍していた。

その時省三は二十六歳、カメは十六歳であった。しかしその年の五月、省三は木戸孝允に随《したが》って上京し、その後ドイツへ渡り、留学を終えて帰国してからも、帰郷することはなかった。だからカメとは五年以上も顔を合わせていなかった。

ただ省三もカメのことを全く気に掛けていなかったわけでなく、留学先から養父へ送った手紙のうちの何通かには「カメはいかがお過ごしか。心痛や苦労も多いかと思うので、どうか慰めてあげてほしい」などと、記されていたという（『井上省三傳』）。

とはいえ、省三はヘードビヒとの愛を育み、結婚を目指して突き進んだ。彼がいつの時点で養家と生家にドイツ女性との婚約を伝えたのかは不明だが、おそらく製絨技術の習得証書を手にした頃ではなかったかと思われる。つまり一人前の製絨技術者となる目途が立ったので、帰国する前にヘードビヒとの関係をはっきりさせておこうと考えたのであろう。

現地女性と婚約したという省三からの突然の手紙に、養家の人たちは仰天し、激怒した。いきなり破談にされたカメの立場や井上家の世継ぎはどうなるのか、省三の無責任さをなじる声が噴出したのも無理はない。

同時に実家の親族からも、困惑の声が上がった。とりわけ実父の伯野瀬兵衛は息子を養子に受け入れてくれた井上家に対し、合わせる顔がないとして、平身低頭で詫びたに違いない。その一方で瀬兵衛の心中には別の思いがよぎったと、『井上省三傳』は記す。

長い間信念となって浸潤《しんじゅん》［しみつくの意］していた攘夷の思想から融通性に富む青年の如く容易に蝉脱《せんだつ》［旧習を脱するの意］し切れなかったであろう父瀬兵衛の苦衷は蓋《けだ》し想察に余りあるものがある。

幕末、外国人排斥という藩の攘夷思想に洗脳されていた瀬兵衛にしてみれば、よりによって西洋の女性を妻にしようとするわが息子の考えが、どうにも理解できなかった、という困惑ぶりを示す記述で、文明開化の世になってもなお「攘夷の思想」なる言葉が飛び出すところが、いかにも長州らしい。

だが省三の結婚への決意は変わらず、再度渡欧する直前に実父の瀬兵衛へ手紙を送り、カメとの結婚話はなかったことにしたい旨を伝え、井上家の後事についてうまく処理して欲しいと依頼している。結果的にこの問題は、養家側が渋々ながら省三の結婚を認め、省三側も養家の家屋を含め、すべての資産の相続を放棄し、カメに付与すると申し出たことで決着をみる。

この時も青木の場合と同じく、両者の間に立って調停に奔走したのは、ほかならぬ木戸だった。それにしても省三の人生において、節目ごとに手を差し伸べてくれた木戸はまさに大恩人であった。木戸は青木や井上ばかりでなく、松野磵の結婚に際してもうまく運ぶように手を差し伸べている。同郷の有為な後輩たちのためなら、協力を惜しまない木戸は、実に面倒見の良い、度量の大きい人物だった。

カメはその後、明治十二年（１８７９）に木村範蔵なる者と結婚し、井上家は範蔵が家督を継ぐことになった。

結婚、妻の来日

省三のドイツ出張は約一年余におよび、この間の明治十年（1877）八月、ヘードビヒと結婚式を挙げた。花嫁の父親が二人の結婚に最終的にゴーサインを出したのは、青木周蔵という日本国の公使を務めるほどの人物もドイツ女性を娶《めと》ったことに加え、省三の留学仲間の二人もそれぞれ、ベルリンの良家の娘と婚約や結婚をしており、もはや日本人とドイツ人の結婚が珍しいことでないと悟ったからである。また東京に建設される製絨工場は省三が責任者となることが決まっており、そこへは当地からも技術指導のため、ドイツ人職工が妻同伴で派遣され、同工場内の官舎で暮らすと聞いて、娘も淋しがることはないだろうと安心したのである。

結婚式に先立つ三月末、省三が実家の父や兄弟宛てに送った手紙がある。現代語で要約する。

「私の結婚については各方面にご面倒をお掛けし、誠に申し訳ありません。皆さんのご尽力に心より御礼申し上げます。ここで省三の将来の妻になるヘードビビについて一言申し上げますと、彼女の一家もこの結婚の決定についてはたいへん喜んでおり、感謝されております。実は五月頃に婚礼をするべく準備していたところ、新工場に据え付ける機械類の確保や搬送に手間取り、それらの目途が立つのは八月初旬頃になるので、帰国は十一月初旬に延びそうです」

そして最後に母親宛てにこんな一行を書き添えている。

「ヘードビビの写真を送りますので、お手にとってご覧下さい。これが省三の愛妻となる女性です」

（『井上省三傳』）

原文は「是即チ省三之愛妻トナル可キ者也」である。

省三は彼女のことを、はっきり「愛妻」と書いている。この時代の日本人男性が「愛妻」という言葉を用いたことに驚く。省三の思考もだいぶヨーロッパナイズされていたということか。

「井上省三家族写真」中央にいるのがヘードビヒ・ケーニッヒ　山口県文書館所蔵

明治十年（1877）十二月九日、省三は当初の予定より一月遅れ、新妻を伴って帰国する。それから二年後、省三は内務省御用掛に任じられ、東京・千住に完成した官営千住製絨所の初代所長に就任、多忙な日々を送る。ここでは主として軍服や警察官の制服、それに毛布などを製造した。

工場の敷地内に暮らした夫妻は仲が良く、腕を組み、界隈を散歩する姿が地元民たちにしばしば目撃されている。まもなく待望の長女ハナも誕生した。

だが好事魔多し、創業から四年後の明治十六年（1883）十二月二十九日の未明、周辺から出火し、工場の主要設備をすべて焼失した。省三は落胆している間もなく、復興に向けて立ち上がり、それこそ寝食も忘れ、工員たちの先頭に立って働いた。この時の無理がたたったのか、肺疾患という病に取りつかれ、同十九年（1886）末、四十二歳の若さで帰らぬ人となった。夫婦にとって安穏の日々はあまりにも短く、わずか九年に過ぎなかった。愛する夫を亡くしたヘードビヒは翌年、娘を伴ってドイツへ帰国し、再び日本へ戻ることはなかった。

省三の足跡を追って、かつての工場跡（現荒川区南千住六丁目）を訪ねてみた。

工場の建設された頃、荒れ地で人家もまばらだったという一帯は以後、さまざまな土地利用の変遷を経て、現在は区の総合スポーツセンターや警察署、工業高校、スーパーなどが建ち並んでいる。

当時を偲《しの》ばせるものといえば、わずかに旧敷地の東側を囲っていた赤茶色の煉瓦塀の一部と、石の台座の上に置かれた省三の胸像くらいであった。その像の顔も長年の風雨にさらされ、ぼやけていた。立ち止って案内板に目をやる通行人はいない。この地に日本初の羅紗工場があったことや、その初代工場長は留学先のドイツで現地娘と恋に落ち、国際結婚した人物であることなど、地元民の間でも、どれほどの人が知っていようか。

ドイツ女性のこと

青木周蔵、北白川宮能久、井上省三らは日本人として最も早い時期のドイツ留学生だが、その後増え続け、『明治期のドイツ留学生』（森川潤著）によると、明治三年（１８７０）から同二十三年（１８９０）までの二十年間に千四百六十三名を数えたという。これだけの数の日本男児がいれば、現地女性と恋に落ちる者が出ても不思議はない。

明治の末、欧米諸国を旅した劇作家の中村吉蔵は帰国後に著わした『欧米印象記』の中で、ドイツ滞在中に見聞した日本人留学生と現地女性との恋愛談をいくつも紹介しながら、何ゆえ日本人男性がこの国の女性と恋愛関係に陥るのかについて、次のように記している。

米国でも英国でも、日本人と白婦人との間の恋愛談や、結婚談は多く耳にしてゐたが、この独逸に来て見ると、日本の留学生の頭数の多いのと、独逸婦人の撓《たわ》み易く、靡《なび》き易いといふ性質に依るものか、情事談の多い事も亦《また》格別なものである、『舞姫』の如き実験をしてゐる日本人は屈指に遑《いとま》ないであらう［後略］

『舞姫』とは森鷗外の小説を指していることは言うまでもない。中村が指摘するドイツ人女性の「撓み易く、靡き易い」性質とは、どういうことを意味しているのであろうか。中村はまた「独逸婦人は、アングロサクソン婦人とは血を異にしてゐる。彼等は飽迄も家婦的である」とも述べている。アングロサクソンとはイギリスおよびイギリス系の人々のことである。とすれば中村の目に映ったドイツ女性の印象は、アングロサクソン諸国の女性と比べ、気位が高いということもなく、家庭的、献身的で、情が濃いということだったか。そうであれば、故国を遠く離れて暮らす日本人留学生たちがコロリと心を奪われたのも理解できなくはないが……。

こんな話もある。「日本の薬学の父」と呼ばれる長井長義《ながよし》は旧阿波徳島藩の藩医の息子で、明治四年（１８７１）から十三年もの長きにわたってドイツ留学を続けたことで知られる。同十六年（１８８３）、三十八歳を迎えても独身の長井に対し、ベルリン大学（現フンボルト大学）の指導教官ホフマンはドイツ女性との結婚を勧める。だが、長井はドイツ女性と結婚し、日本へ連れて帰れば、彼女にたいへんな苦労をさせることになるとして、難色を示した。だが同教授はこう言って長井を激励したという。

君は十三年も独逸に居るから少しは独逸の女の気質も知つて居ることゝ思つて居たのに、未だ本当に理解して居らぬやうだ、独逸の女は自慢をするやうだが、心を捧げた男の為なら水火の中へでも一緒に飛び込む位だ、長井君、元気を出して当つて見給へ、［後略］

（『長井長義伝』金尾清造）

恩師から背中を押された長井は、かねてから好ましいと思っていたテレーゼ・シューマッハなる女性に勇気を出してアタックし、みごとに二年後、結婚にこぎつけている。もっともこの結婚には裏話があり、有能な長井をベルリン大学にとどめておきたいと願ったホフマン教授が彼をドイツ女性と結婚させれば、帰国することを諦めるだろうと、盛んにけしかけたというのが真相のようである。

第二章　イギリス女性との恋

イギリス女性との恋◎関連年表

年	―川田龍吉―	―尾崎三良―	―藤堂高紹―
1842		生誕。出生名：戸田雅楽（うた）	
1856	生誕		
1868		ロンドンに留学	
1869		バサイア・モリソンと結婚	
1870		長女英子誕生（のち尾崎行雄の後妻）	
1871	父の導きで英語塾に通う	一時渡米	
1872		次女政子誕生	
1873		三女君子誕生／単身帰国	
1874	東京へ転居	戸田八重と結婚	
1877	グラスゴーに留学		
1879		藤木みちを妾に迎え入れる	
1881		バサイアと実質的離婚	
1883	ジェニー・イーディとの出会い		
1884	龍吉帰国		生誕
1886	ジェニー、スコット氏と結婚		
1887	楠瀬春猪と結婚		
1889			五歳で家督相続、伯爵になる
1904			ケンブリッジへ私費留学。この頃エリーナ・グレース・アディソンと出会う
1906	函館船渠会社へ。この頃から男爵イモの栽培に励む		
1907			エリーナと結婚／単身帰国
1918		死去	
1943			死去
1948	北海道でカトリック受洗		
1951	死去		

［日本・世界の出来事］

- ベルリン三月革命（1848）
- ペリー来航（1853）
- 明治維新／戊辰戦争（1868）
- ドイツ帝国成立／廃藩置県（1871）
- 太陽暦採用／学制頒布（1872）
- 樺太・千島交換条約（1875）
- ベルリン会議（1878）
- 鹿鳴館開館（1883）
- 日清戦争（1894）
- 英仏協商（1904）
- 英労働党成立（1906）
- 第一次世界大戦（1914～1918）

川田龍吉とジェニー・イーディ

母の心配

ジャガイモの一品種である「男爵イモ」を開発し、全国に普及させたのは幕末、土佐（現高知県）に生まれた川田龍吉である。龍吉が北海道の函館郊外で本格的に農場経営に乗り出すのは五十歳を過ぎてからで、それまでは造船技師やドックの経営者など船舶業界に長く身を置いてきた。

その龍吉の恋物語の舞台となったのは若き日、造船技術の習得のため七年間滞在したイギリス・スコットランド地方の工業都市グラスゴーである。当地に来て四年目を迎えた明治十四年（1881）一月、龍吉のもとへ母親の美津から一通の手紙が届く。そこには川田家の跡継ぎである長男龍吉が、異国の地で「妙な気持」を起こさぬようにという戒めの言葉が記されていた。

「ながらくそちら二おりて、あるまゐとはおもへども、ひょんと又そちらの女でもつれてくるよふな事有はせぬかとおもゐ、そのよふな事有ては、父上二申わけたたず、どふぞ〳〵此事はあさばんわすれぬよふにねがい上候」
（『新版　男爵薯の父　川田龍吉伝』館和夫著／以下『川田龍吉伝』）

現代語訳する。

「永らくそちらに暮らしていて、よもやそんなことはないとは思うけれど、ひょっとしてそちらの国の女性を日本へ連れて帰るようなことがありはしないかと心配しています。もしそのようなことになったら、お父様に申し訳がたたないので、どうか、どうか、どうか、このことは朝晩忘れることのなきように願います」

母親は息子にくれぐれも青い目の女性を日本へ連れて来ることなどないようにと、何度も念を押している。だがまだこの時点では、龍吉の恋は始まっていない。

留学まで

龍吉は安政三年（1856）、土佐杓田《ひしゃくだ》村（現高知市旭元町）で、郷士の川田小一郎、美津の長男として生まれた。

土佐では、関ヶ原の戦いのあとに入封《にゅうほう》した山内一豊が旧領地の遠州掛川（現静岡県）から連れて来た信頼のおける家臣を上士（上級武士）、関ヶ原以前にこの地の領主だった長宗我《ちょうそか》部《べ》家の家来などを下士（下級武士）と呼び、厳格に差別した。

英国留学より帰国直後の
川田龍吉
THE DANSHAKU LOUNGE 所蔵

城下に住み、才覚次第では藩の要職にも就ける「上士」に対し、「下士」に属する郷士は身分的には武士だが、実態は「半農半武」の生活を強いられ、田畑を耕さねばならなかった。このため郷士の間には二百五十年にもおよぶ身分差別への不平不満が積り積って、幕末には藩の上層部と対立するようになる。彼らの怨念は尊皇攘夷思想と結びつき、武市半平太をリーダーとする政治結社「土佐勤王党」を誕生させ、過激な行動へと駆り立てた。

しかし小一郎は勤王党とは一線を画し、むしろ意図的に距離を置き、商売の世界、いわゆる実業の世界に関心を向けた。幸いなことに上士出身の藩士の中に、計算能力に優れ、経済感覚もある小一郎を引き立ててくれる者がおり、藩の会計方に登用される。また維新への移行期には伊予松山藩所有の別子銅山の接収を平和裏に成し遂げ、藩からその手腕を高く評価された。

時は流れて明治二年（1869）、土佐藩は長崎を拠点に土佐の物産の販売や回漕業《かいそう》（海運業）を営んでいた藩営商社の開成館（通称土佐商会）を大阪に移し、開明的な考えを持ち、商才に長《た》けた岩崎弥太郎を総支配人に任じる。

小一郎が同じ郷士出身で、二歳年上の弥太郎と出会うのはこの時で、二人は今後日本の発展のためには海外との貿易が不可欠であるとの考えで一致し、協力し合っていくことを約束した。しかし翌年、明治新政府が藩営事業の禁止を決めたため、同商会は、廃止される。

その後、小一郎を含む旧藩士の有志が土佐商会の事業を引き継ぎ、九十九《つくも》商会、三川《みつかわ》商会などと名を変えながら経営にあたったが、業績は振るわなかった。そこで経営手腕のある岩崎弥太郎を社主とする新会社「三菱商会」がこれまでの業務を引き継ぎ、新たなスタートを切ることになった。小一郎も弥太郎の求めに応じて同商会の経営に参画し、幹部の一人として鉱山事業の総責任者などを務めている。

一方の龍吉は上士の子弟が通う藩校には入れぬため、地元の寺子屋で二年、そのあと高知城下の私塾へ移って儒学や国学の勉学に励む。明治四年（１８７１）、大阪で働く父親から、これからは外国との取引が増大し、英語が不可欠になるので「学ぶべし」と、呼び寄せられ、旧土佐藩邸内に開設された英語塾で、アメリカ人教師から指導を受けることになった。

明治七年（１８７４）四月、三菱商会が東京へ移転することになり、龍吉は郷里に残っていた母親と二人の弟たちとともに東京へ転居する。

新居での生活が落ち着くと、龍吉は慶應大学医学部の前身である慶應義塾医学所へ入所する。なぜ医学の学校を選んだのかは不明だが、わずか一年足らずでここを退塾している。理由は新入学生への英語の授業があまりに初歩的過ぎ、既に大阪で三年間学んでいた龍吉にとっては物足りなかったことや校内の壁に「医者は馬鹿なり」と、落書きをしたことが発覚して学校側から叱責を受け、嫌気がさしたためなどといわれている（『川田龍吉伝』）。

イギリス留学

三菱商会はその後、郵船汽船三菱会社と名を改め、明治七年（１８７４）の台湾出兵の際、政府の要請に応えて兵員や武器の輸送を請け負う。国策に協力した同社は終了後、その貢献に対する「褒美」として、政府が購入した船舶の無償払い下げを受けたため、日本最大の海運会社にのし上がった。

しかし譲渡された多くは修理を必要とするような老朽船であった。だが当時、日本国内に蒸気船を修理できる施設はなく、上海まで運ばねばならなかった。このため、弥太郎は自前で造船所の建設を計画し、保有する船の多くを建造していたイギリス・グラスゴーのカルボーン・ロブニッツ造船所に技術協力を仰ぐことにした。

その時イギリス側との交渉責任者に任じられたのが小一郎である。小一郎は、工場建設を指導監督する技術者の招聘などを進める一方で、将来を考え、日本人の造船技術者を養成する必要性を痛感し、グラスゴーへ要員を派遣し、学ばせることを決断する。そこで小一郎は英語の素養のある息子の龍吉に「イギリスへ行って学んで来い」と命じ、折しも来日中のロブニッツ造船所の所長ヘンリー・ロブニッツに息子の留学受け入れを打診したところ、快諾してくれた。

この頃の龍吉はとりたてて海外留学をしたいとか、まして造船技術者として身を立てようなどと考えていたわけではなかった。それゆえ父親からの突然の命令に戸惑ったが、龍吉にとって父親の命令は絶対であった。父親は息子に海運業がこれから日本の発展を支える主要産業になるので、そのために造船技術者の育成が急務であると説いた。周囲も賛同し、龍吉にイギリス行きを強く勧めた。

イギリス行きを受け入れたものの、出発は二年先となった。それまでの間、龍吉は小一郎の勧めにより、土佐藩出身で新政府の高官を務めていた佐々木高行の書生となって社会経験を積むことにした。

明治十年（1877）三月、旅券が交付され、二十一歳の龍吉はグラスゴーへ向けて日本を離れた。造船業の盛んなグラスゴーには明治以降、多くの日本人が理工系の学問習得を目指して名門グラスゴー大学へ官費留学したが、龍吉の場合、造船所で実技を習得しながら、大学で理論を学ぶという変則的なスタイルのため、私費留学となった。

となると生活費や学費などを自弁しなければならない。だがこの時、川田家では自前でそれらの費用を用意することができず、渡航費から生活費、学費にいたるまで、すべて三菱会社からの借金に頼らざるを得なかった。つまり龍吉の身分は三菱丸抱えの「企業派遣留学生」

とでも言うべきものであった。
龍吉は帰国後、働いてこの借金を返済することにしていたが、三菱会社二代目社長の岩崎弥之助は、明治十九年（1886）の暮れ、約六千円にのぼった留学費用の返済を全額免除する旨を龍吉に伝えた。この恩典は龍吉のこれまでの努力や今後の期待、さらにこの年、結婚した龍吉への祝儀の意味も込められていたとされる。その時、弥之助から届いた書状には次のように記されていた。

先年欧州御遊学中、御貸付に及置候学資金六千円余、此際棄損《きえん》候間、右金員は今後不及御返償候。此段為念御承知申入候也。
（『川田龍吉伝』）

ところで龍吉より十年以上も前にグラスゴーで、日本人として初めて造船技術を学んだ者がいる。海外渡航がまだ解禁されていなかった文久三年（1863）、イギリス商社ジャーディン・マセソン商会の協力を得て横浜から密出国した長州藩の井上馨、伊藤博文ら五人の若者、いわゆる「長州ファイブ」と呼ばれるうちの一人、山尾庸三《ようぞう》である。山尾はロンドンのユニバーシティカレッジで二年間学んだあと、慶応二年（1866）、グラスゴーへ移り、昼間はネピア造船所の見習工として働き、夜はアンダーソンカレッジ（現ストラスクライド大学）

で造船理論を学んだ。龍吉も山尾と同じ道を歩むことになる。

グラスゴー暮らし

横浜からグラスゴーまで龍吉を運んだのは「新潟丸」（千九百十トン）というイギリスで建造され、政府から三菱へ払い下げられた船である。同船は建造から二十年余が経ち、あちこちにガタが来ており、この機会にカルボーン・ロブニッツ造船所で修理と整備を受けることになっていた。

父親の小一郎は龍吉を一般乗客ではなく、機関士見習いとして乗り込ませた。まさに「可愛い子には旅をさせよ」の通り、船乗りの苦労を体感させるとともに船の構造を学ばせるためであった。春まだ浅い日本を出発した新潟丸はスエズ運河経由ではなく、はるばる喜望峰回りでロンドンをめざし、同地にしばらく停泊したあと、グラスゴーへ向かった。到着した時は横浜を出てから半年近くが経っていた。

龍吉は現地での身元引受人となったヘンリー・ロブニッツ夫妻の監督のもと、ロブニッツ家のゲストハウスで留学生活を始めた。ロブニッツ造船所のあるクライド川沿いのレンフリューの寄宿先からグラスゴー市の中心部までは汽車で二十分足らずであった。

龍吉はまず同造船所に見習い技術者として入り、一年余りの間、設計、鋳造、ボイラーや蒸気機関の製造などの各現場を回って経験を積んだあと、翌年にはヘンリーの奨めもあってグラスゴー大学工学部に入学し、船舶技術に関する最新知識を学ぶことにした。現場での経験を理論的に裏付けるためである。

下宿と工場や大学を往復する単調な日々が続き、龍吉は孤独感に襲われる。加えてスコットランドの気候は短い夏の時期を除けば、霧が立ち込め、どんよりして冷涼な日々が続き、気分を滅入らせた。生まれ育った土佐の空が懐かしかった。母に頼んで日本の新聞や本、あるいは日本の味などを送ってもらい、無聊《ぶりょう》を慰めたが、かえってホームシックをかき立てるばかりであった。

龍吉がそんな鬱屈とした思いから脱し、ようやく青年らしい溌剌とした生活を取り戻したのは、留学生活が五年目を過ぎた頃からである。イギリス生活の不自由さも感じなくなり、当地で学ぶ日本人留学生たちとも頻繁に交流するなどして、張りのある日々を送るようになった。

こうした中、龍吉の身の上に一大事件が起きる。

明治十六年（1883）一月のある土曜日、龍吉は仕事上、必要な地図帳を求めて、グラスゴー駅前のマクギーチ書店に立ち寄った。

　若い女店員に探している地図帳のありかを尋ねると、あいにくその本は店になかった。ジェニー・イーディと名乗る若い店員は出版社に問い合わせてから連絡するので、龍吉に名前と住所を書いてほしいと告げた。龍吉二十七歳、スコットランド娘のジェニー十九歳、この時の出会いが二人のなれそめである。

　このあとジェニーは出版社に在庫があった場合、龍吉に購入する意思があるのかどうかの確認を忘れていたことに気づき、彼に手紙を書いた。これが彼女から送られてきた最初の手紙である。事務的な連絡とはいえ、若い娘からの手紙に龍吉の心は騒いだ。彼にとって母親以外の異性から届いた初めての手紙だったからである。

初デート

　龍吉は手紙を何度も読み返した末、返事は彼女に会って直接伝えようと決めた。週末が来るのが待ち遠しかった。

　次の土曜日、龍吉は胸をときめかせながら書店を訪れた。ジェニーは彼のことを覚えていてくれた。早速、地図帳を注文したあと、彼女を相手に当時、話題を集めている本のことから始まり、自分は造船技術を学ぶため、日本から当地へ来ている留学生であることなどを打ち明け、長時間、話し込んだ。

気がつくと、いつの間にか夜の帳《とばり》が下りていた。龍吉は意を決して彼女に家まで送らせてほしいと申し出た。彼女はうなずき、二人は店を出た。一月のグラスゴーの夜は冷え込んでいたが、話に夢中になっていたので、寒さを感じることもなかったに違いない。二人はこの時、早くも意気投合してしまったのである。龍吉はジェニーが母親と二人で暮らしている集合住宅まで送り届けてから寄宿先へ帰った。

二回目の出会いで、いきなり自宅までのエスコートを申し出るとは、龍吉も大胆な行動に出たものだが、おそらくイギリス暮らしが長くなる中で、周囲の若者たちの男女交際の流儀を見て、自分も実践してみようと思ったのだろう。

龍吉は自分の話を一生懸命に聞いてくれ、日本の女性とは違って自分の考えをはっきり口にするジェニーにぐいぐいと引き寄せられていった。

母親ともどもクリスチャンであると語った彼女は、休日には地域の奉仕活動にも参加するなど、心優しい真面目な娘だった。東洋の島国から来た日本人青年に対してもいささかの偏見を抱くことなく、むしろ龍吉の生まれ育った国について興味を募らせ、あれこれ質問を浴びせた。

この日を境に龍吉もジェニーへ手紙を書くようになり、龍吉が帰国するまでの一年半に二人の間で約百通が交わされた。このうち龍吉の手紙の行方は不明で、現存しているのはジェニーから龍吉宛てに差し出された八十九通だけである（『川田龍吉伝』）。

筆者はジェニー直筆の手紙を是非とも見たいと思っていたところ、北海道・北斗市内に龍吉の遺品などを集めた「男爵資料館」という施設があり、そこに展示されているとの情報を得た。そこで三年前の秋、亡き友の墓参で函館を訪れた際、立ち寄ってみると、同館は平成二十六年（２０１４）三月から無期限の休館となっており、残念ながら手紙との「対面」を果たせなかった。

なんとか彼女の手紙の内容を知り、若い二人の恋の進展過程を知りたいものと、手掛かりを探していたところ、幸いにも彼女の英文の手紙を訳出し、紹介した本に出会った。タイトルは『サムライに恋した英国娘』（伊丹政太郎、Ａ・コビング著）で、副題はずばり「男爵いも、川田龍吉への恋文」とあった。本稿では同書（以下『サムライに恋』）に掲載されている手紙の訳文を参照しながら、二人の恋の行方を追ってみる。

順調な交際

龍吉からの第一信の内容は不明だが、明治十六年（1883）一月三十日、彼女は二度目の手紙を書いている。「カワダ様、昨日の朝、あなたからの手紙を受け取りました」という文で始まり、早くも龍吉へ好感を抱いたことをほのめかしたうえで、母親に龍吉と出会ったことを正直に話したところ、母親も彼に関心を抱き、是非自宅へ招きたいと言っているので、都合を知らせてほしいと結んでいた。そこで龍吉は翌週、母娘の家を訪ねている。

二人はグラスゴーで毎週火曜と土曜の夜に会い、その合間に手紙を交換することを約束し、急速に親密の度を深めていく。手紙では、互いに日々の出来事を報告し、悩みや疑問をぶつけ合い、そして愛の言葉を書き添えた。彼女からの手紙はこんな具合だ。

「あなたと一緒の時間がもっとほしい」
「わたしがあなたに会いたいと思っていることを忘れないで下さい」
「教会までの道々、ずっとあなたのことを考えていました」
「あなたは、私があなたを導く天使だと手紙に書いて下さいましたね」

「リョウへ。あなたからのお便りを待ちこがれています」

（『サムライに恋』）

ジェニーが龍吉を愛おしく思う気持ちは手紙のたびに強まり、やがて書き出しは「いとしいリョウ」、結びには必ず「愛をこめて」という言葉が記され、そのあとにキスマークを意味する×印が添えられるようになった。イギリスでは恋人への手紙（今ならメールか）の最後に×印を三個ほど書き添えるのが一般的とされていたようだが、ジェニーからの×印は次第に増え、最も多い手紙には百五十六個もあったという。これに対し、龍吉も負けずに熱烈な愛の言葉を書き連ねて送ったであろうことは想像に難くない。

そんな二人の間に考え方のギャップがあるとすれば、それは宗教観の違いだった。敬虔なクリスチャンのジェニーは毎日曜に欠かさず教会へ足を運んで祈り、牧師の説教に耳を傾けた。まさに彼女のバックボーンは信仰であった。龍吉はその頃、偏頭痛や不眠症に悩んでおり、彼女は教会で一心不乱に祈りを捧げれば、必ず治癒するはずと、しきりに教会行きを勧めたが、キリシタン禁制の中で育った彼としては、それを受け入れることができなかった。

ちなみにそれから六十五年後の昭和二十三年（1948）夏、九十二歳を迎えた龍吉はある日突然、カトリックの洗礼を受けたいと言い出し、当時暮らしていた北海道・渡島当別《おしまとうべつ》（現北斗市）にあるトラピスト修道院で、受洗を果たした。死の三年前のことであった。

宗教観が異なるからといって二人の関係が悪化したわけでない。むしろ交際は順調に進展し、出会いから三カ月が経った頃に、龍吉は早くもジェニーとの結婚を考え、留学期間を終えたら日本へ連れて帰りたいと思うようになっていた。さらに六月になると、龍吉からプロポーズの言葉が告げられ、二人の間で「結婚」が急速に現実味を帯びてきた。そのことはジェニーのこんな手紙からもうかがえる。

あなたは私に日本語を習わなければならないといわれました。そうね、私もぜひ習いたいのですけど、でもあなたが完璧に英語を話されるように、私が日本語を話せるようにはなれないわ。ああ、どうしましょう。

（『サムライに恋』）

二人の気持ちは将来の夢に向かって着実に膨らんでいく一方で、龍吉の胸に不安や焦りも高まっていった。二年前、母美津から送られてきた手紙の内容が、ずっと頭の片隅に引っかかっていたからである。

一人前の造船技師となって帰国することをひたすら楽しみに待っている父小一郎に、ジェニーのことを切り出したら、どんなことになるのか、想像するだけでも身震いがした。厳格な父は絶対に外国人女性との結婚など認めるはずはない。この留学は三菱の援助で実現したものであり、今や小一郎自身も三菱の大幹部になっている以上、龍吉だけの判断で勝手な行動はとれない。


二人が交際を始めてから一年が過ぎた明治十七年（1884）一月、ジェニーがグラスゴーの書店を辞め、三百キロ離れたイングランド北東部のサンダーランド市の書店へ移ることになった。『川田龍吉伝』によると、彼女が勤務先を変えたのは、それまでの店より待遇がよかったこと、通っていた教会の推薦があったこと、移る先の書店ではキリスト教関係の書物を多く扱っていたためではないかという。

だがこれによって二人は頻繁に会う機会を失い、手紙だけの交流となる。しかも龍吉の留学生活にピリオドを打つ時が、日一日と迫っていた。

ジェニーがグラスゴーを去って二カ月が経った頃、龍吉は彼女に二通の手紙と自分の肖像写真、それに鎖の付いたロケットを贈った。するとジェニーからも自分のブロンドの髪を一房と写真一枚、それに手作りの帽子が届いた。別れの日が近いことを知った二人が「お互いを忘れない」とする愛の証を交換したのである。おそらく彼の手紙には、日本へ帰ったら、親たちに結婚を認めさせ、必ず迎えに来るとの決意が記され、彼女もその日の来るのを信じて待つ、と返したに違いない。

帰国、それから

七年間にわたって船舶技術と理論を学んだ川田龍吉は明治十七年（１８８４）五月、レンフリューのロブニッツ造船所から、鋳造、造機、製図などあらゆる部門の技術と理論を習得したとして技術証明書を授与された。こうして誰もが認める第一級の船舶技術者の資格を手に入れた彼は、胸を張って帰国する日を迎えることになるが、心残りはジェニーのことであった。

六月三日、三菱がグラスゴーのロンドン＆グラスゴー造船所に発注していた新造船横浜丸（二千三百五トン）が日本へ回航されることになり、龍吉は同船に機関士として乗り込んで帰国することが決まった。

ジェニーは彼を見送るため、勤務先から休暇をもらい、グラスゴーへ駆け付けた。出港前の慌ただしい中、半年ぶりに顔を合わせた二人は最後のデートを楽しみ、記念に互いの写真も撮った。別れのキスを交わしたかもしれない。また龍吉はこの時、横浜と東京の二カ所の住所を記したメモを彼女に手渡した。

翌日、横浜丸はクライド川沿いのドックを離れた。ジェニーと母親エリザベスが岸壁から手を振ってそれを見送った。

横浜丸が横浜に着いたのは八月末だった。

帰国すると、彼はただちに両親のもとを訪ねる。イギリス土産を手渡し、現地での生活ぶりや苦労話を報告すると、両親は立派に成長した息子の姿に目を細め、永年の努力を誉め称えたが、よもやその息子の口からイギリス娘との結婚話が飛び出すことになろうとは、ゆめゆめ思っていなかった。龍吉はジェニーとの結婚話をいつ切り出そうかと、じりじりしながらそのタイミングを探っていたに違いない。

龍吉は長い航海の疲れを癒す間もなく、横浜船渠《せんきょ》（ドック）の前身である三菱製鉄所に迎えられ、新進気鋭の船舶技師として働き始めた。海外の最新知識を身に付けた人物に対する周囲の期待は大きく、何かと助言や指導を求められた。そんな日々を送る中、龍吉はいよいよ覚悟を決め、父親に思いを打ち明けることにした。

説得が困難を極めるであろうことは重々覚悟しながらも、話せば、最後は受け入れてくれるはずと、一縷《いちる》の望みを抱いていた。だが、そこには想像を絶する厚い壁があった。おそらく小一郎はこんなふうに息子を一喝したと思われる。

「龍吉、お前はいったい何を考えているんだ！　お前は何の目的で、岩崎様からイギリスへ行かせていただいたのかは分かっているだろう。耶蘇《やそ》教の嫁を見つけるために行ったわけではあるまい。美津からも外人娘との付き合いは控えるよう厳しく戒められていたというではないか。断じてその娘との結婚を認めるわけにはいかん。わが川田家は武士の家系だ。跡継ぎのお前の嫁は由緒正しい士族からもらわねばならん。そのイギリス娘との話はなかったことにするんだ、いいな！」

父親は一切聞く耳をもたなかった。龍吉は下を向いて、父親の言葉にただただうなずくほかなかったろう。

イギリスへの留学話も一方的な命令だったし、今回もそうだ。土佐藩の下士から這い上がり、持ち前の才覚で現在の地位と財産を手に入れた小一郎は、川田家の隆盛を何としてでも維持し続けなくては、という思いが強く、長男の龍吉にもその自覚を持つよう求めた。そういう父親の命令に反逆することは到底不可能だった。

帰国前に龍吉がジェニーに伝えておいた東京と横浜の住所に届いていたはずの手紙もいつ

の間にか回収されており、一通も彼の手に渡ることはなかった。小一郎が女性文字の英文レターの到着を知って、おそらく誰かに処分させたに違いないと、龍吉は確信した。

ジェニーはけなげにも龍吉の航海中、せっせと手紙を書き続けていたはずである。いくら書いても「梨のつぶて」ということは、川田家において好ましくない出来事が起きたのだと彼女は察知し、暗澹《あんたん》たる気持ちになっていたことだろう。こうして二人の恋は別れの言葉を交わすこともないまま自然消滅した。

男爵イモ誕生

その後、龍吉は造船業界で陽のあたる道を歩み続ける。三菱製鉄所、日本郵船を経て明治三十年（１８９７）、四十一歳の時、横浜船渠社長に就任する。その前年、日本銀行総裁を七年にわたって務め、「日銀の法王」と呼ばれるなど絶大な権勢をふるった小一郎が死去する。生前小一郎は長年の功績によって男爵に叙任されており、長男である龍吉がこれを継承したから、川田龍吉男爵となっていた。

龍吉はもともと農業にも強い関心があり、国家は農業と工業を両輪としてバランスよく発展することが望ましいとの考えを持っていた。そこで四十四歳の時、軽井沢に土地を購入し、農場経営に取り組んだ。浅間山麓の農園では当時の日本で珍しかったキャベツ、パセリ、ビートなど西洋野菜を植え付け、夏に避暑へやって来る欧米人に分けたところ、好評だったため、東京へも出荷したりした。

軽井沢での体験で自信を深めた龍吉は横浜船渠を退いたら、引き続き同地で農業に専念しようと決めていたが、その夢もはかなく消えた。明治三十九年（１９０６）、業績悪化で倒産の危機に瀕していた函館船渠会社から、経営再建に力を貸してほしいと要請されたからで、時の経済界の大御所渋沢栄一らから懇請されたこともあり、引き受けざるを得なかった。

龍吉は函館に乗り込み、さまざまな抵抗に遭いながらも、大ナタを振るい、四年をかけてみごとに経営再建を果たし、期待に応えた。こうした実績が評価され、やがて役員の任期満了を迎えると、龍吉は株主たちから引き続き経営の指揮をとってほしいと、熱烈な慰留要請を受ける。だが龍吉はそれをきっぱり断り、明治四十四年（１９１１）夏、函館船渠を去る。

龍吉が役員続投を固辞した理由について『開拓につくした人びと　第五巻』（北海道庁総務部文書課編）は、ドック再建の過程で、自分の行ったさまざまな荒療治について責任をとったためと記しているが、それだけではあるまい。再建のめどが立った以上、一日も早く自由な身となり、今度こそかねてからの夢である農業に取り組みたいと思っていたからであろう。

実は龍吉は函館船渠に在籍していた時、函館郊外の七飯《ななえ》村に約九ヘクタールの農地を購入し、人を雇って作物栽培にあたらせる一方、自らも欧米から農業関係の専門書を取り寄せるなどして、この地に適する作物の研究を続けていた。そしていよいよ農業に専念できる時間を手にしたのである。

龍吉を道南の地での農業に駆り立てたのは、この地の気候風土が留学生活を送ったスコットランドと酷似しており、その原野の風景は、恋人ジェニーとしばしば足を運んだグラスゴー近郊の田園地帯を思い出させたからである。農作業を通して、あの時代を追体験できるのではと考えたのかもしれない。

彼がとりわけ力を入れて取り組んだのはジャガイモ栽培であった。龍吉は昭和十年（1935）、七十九歳の時、高知に住む姪の川田三千子宛てに送った手紙の中で、イギリス留学時代に食べたジャガイモについて記している。

私が英国に滞在して居た時、夜分の事であるが大きな車をひきながら、ホキーポキー〳〵と云ふて売ってたから買ふて見た。ソレがジャガ薯の焼いた物で車にかまを取りつけ焼きながら売って居たが、矢張り皮つきのままで、なか

〈おいしかった。

（『川田龍吉伝』）

日本でもサツマイモをリヤカー（近年では軽トラック）に積んだ釜で焼きながら町なかを売り歩く「石焼き芋売り」という商売があるが、スコットランドでは焼きジャガイモ売りだった。龍吉は遠い昔、ジェニーと食べたホカホカのジャガイモのことを想い浮かべながら、この手紙を書いていたに違いない。

実は函館船渠に在任中の明治四十一年（1908）六月、龍吉はアメリカとイギリスの種苗会社から十種類あまりのジャガイモの種イモを輸入し、七飯村の農場に植え付けて、どの品種がこの地に多くの収穫量をもたらすのか試みていた。すると、その中の「アイリッシュ・コブラー」という品種が北海道の土地にみごとに適合し、味といい、収穫量といい、満足のいく出来栄えであった。

たちまちこの品種の評判は近隣の村々にも伝わり、競って栽培するようになった。さらに内地にも普及し、川田農場から生まれたジャガイモは大きなブームを巻き起こした。やがて川田男爵ゆかりのこのジャガイモは「男爵イモ」と命名され、日本人の間に定着していった。

純愛発覚

その後の二人の人生について触れておこう。『川田龍吉伝』によると、龍吉が帰国してから二年後の明治十九年（1886）六月、二十二歳になったジェニーは十六歳年上の服地商人アレクサンダー・スコットと結婚、夫婦仲よく暮らしていたが、十年後、夫に先立たれ、寡婦となった。その後の消息は不明であるという。

一方ジェニーが結婚した翌年の夏、三十一歳を迎えた龍吉は、親の選んだ高知小町と呼ばれ、美人の誉れ高い同郷の士族の娘、楠瀬《くすのせ》春猪《はるい》と結婚する。

春猪は龍吉より十四歳年下で、女子高等師範を出た才媛であったが、武家育ちのため、夫に口答えなどせず、ひたすら従順に仕える良妻賢母型の女性だった。思ったことを率直に口にし、自分の判断で行動するジェニーとは対極のタイプの春猪に対し、龍吉は物足りなさを覚え、時に癇癪《かんしゃく》をおこして苛立ちを露わにすることもあったという。だが晩年に洗礼を受けてからは、別人のように穏やかな性格となり、亡き妻に謝罪の言葉を語り掛ける姿が周囲の人に目撃されている。

昭和二十六年（1951）二月、九十五歳で没した龍吉はスコットランド留学時代に結婚を約束した女性がいたことを生涯、誰にも語ることはなかったが、遺品の中から密かに保管していた彼女からのプレゼントや手紙類が相次いで発見されたことで、初めて「スコットランドの恋」が明らかになった。

プレゼントとは美しい小箱に入った金髪の房で、大正十三年（1924）夏、父親の農場を引き継いだ五男の吉衛《きちえい》が事務所の金庫の奥から見つけた。別れる前に彼女が自分の分身であるという意味を込めて贈ったものだった。

また龍吉の死から二十六年が経った昭和五十二年（1977）夏、旧川田農場の管理人が農場倉庫内で蔵書を整理していた時、本と本の間から英語で書かれた分厚い手紙の束を発見する。宛名はリョウ、差出人はジェニー・イーディとあり、イギリス娘が龍吉へ書いたラブレターと判明した。

百年前のラブレターが大量に発見されたとのニュースは、当時世間で大きな話題を集めた。金髪の房にしろ、手紙の束にしろ、それらがいつか他人の目に触れることになろうとは、龍吉も想像だにしていなかったはずである。

二人は龍吉が帰国する日に別れて以来、交流が断たれたから、お互いにその後どんな人生を送ったか、知るべくもない。ただ龍吉がジェニーからの贈り物や手紙を大切に保管してい

集英社インターナショナル 出版案内

発売：集英社

7 2020

※表示価格は本体価格です。別途、消費税が加算されます。

好評既刊

面白い映画をさらに面白く！

映画には「動機《ワケ》」がある

「最前線の映画」を読むVol.2

町山智浩（映画評論家）

『シェイプ・オブ・ウォーター』、『スリー・ビルボード』『ROMA／ローマ』『君の名前で僕を呼んで』『パターソン』など、全12作品の「なぜ」を徹底解明！

本体820円
8055-3

好評既刊

経済の自由より人間の自由!!

欲望の経済を終わらせる

井手英策（財政学者）

我々はなぜ新自由主義に魅入られたのか？　歴史を検証し、スリリングに解き明かす。その反省を踏まえ、貯金ゼロでも、何が起きても、安心の財政改革を提案。自由な生き方ができる未来にするための必読の書！

本体880円
8053-9

最新刊

サムライ留学生の恋

熊田忠雄・著

明治時代、留学先の異国の地で恋に落ちた9人の日本男児。彼らは言語や宗教などの異なる文化のもとでどう愛し、愛されたのか？結ばれた者、別れても相手を思い続けた者、さらには重婚騒動を起こした者。ドイツ、イギリス、アメリカへ渡った向学心高き若者たちの波瀾万丈な恋物語。

四六判ソフト　本体1,700　7386-9

たということと、かつて彼女からどんなに勧められても頑として聞き入れなかったキリスト教への入信を晩年に果たしたことを考えあわせると、ぶっきらぼうで不器用にも見えた彼の胸の内に、遠い昔、意に反して別れてしまった恋人への思いと謝罪の気持ちが途切れることなく宿っていたことがうかがえる。

龍吉が若き留学時代の恋について頑なに口を閉ざし続けたのは、何故だったのか。三菱の支援を受け、勉学のために渡航した先で、異国娘にうつつを抜かしていたと思われたくなかったからか、あるいはひとたび口外してしまえば、青春時代の清い思い出が好奇な視線にさらされ、輝きを失ってしまうとでも考えたからなのか。

龍吉の長い人生のうち、二人が交際していた期間はわずか一年半に過ぎなかったが、彼にとって忘れ難い珠玉の日々をひたすら自分の胸の内に封じ込めておきたかったのではと、筆者は思いたい。

男爵ラウンジ

間もなく年号が令和に切り替わろうとする二〇一九年の四月下旬、男爵イモの発祥の地、北海道・七飯町に「ザ・男爵ラウンジ」なる施設が誕生し、その中に川田龍吉のゆかりの品を展示したミュージアムがオープンしたとのニュースに接した。旧「男爵資料館」で「対面」の叶わなかったジェニーのラブレターがひょっとして移設展示されているのではと思い、現地へ足を運んでみた。

東京から新幹線「はやぶさ」で終点の新函館北斗駅まで行き、車で七飯町《ななえ》へ向かった。のどかな田園地帯を十分ほど走ると、前方に薄茶色の男爵イモのオブジェを取り付けたユニークな街灯が目に飛び込んできた。男爵ラウンジは大きな納屋のような建物で、レストラン、ショップ、それにミュージアムからなる複合施設であった。めざすミュージアムに入ると、龍吉が明治三十四年（１９０１）に購入し、乗り回していたというアメリカ製の蒸気自動車ロコモビルが出迎えた。あまり知られていないが、龍吉は日本で最初のオーナードライバーだったという。

館内には旧川田農場で使われていた当時最新鋭の農耕具や生活用品など約五百点が整然と展示されており、その中にはジェニーの金髪が保管されていたという年代物の金庫もあった。だが残念ながら、ジェニー直筆の手紙はここにも展示されておらず、ラブレターをコピーした白い紙片がオブジェのように天井から吊り下げられていた。それは天空からひらひらと舞い落ちる雪のようにも見えた。

係員に尋ねると、百年以上も前のラブレターは劣化が進み、公開展示は無理と判断したとのことだった。筆者の傍らで龍吉とジェニーの悲恋について記された説明板を読んでいた若い女性は、感慨深げに頭上の紙片を何度も見上げていた。

尾崎三良とバサイア・キャサリン・モリソン

留学まで

日本人の国際結婚第一号は、尾崎三良《さぶろう》という当時二十六歳のイギリス留学中の青年とされる。彼は武家の出身ではないが、幕末、三条実美という過激派の勤王公家に仕えたことから、動乱の渦に身を投じ、王政復古と倒幕に向け、裏方として奔走した。

三良は、天保十三年（１８４２）、山城国葛野《かどの》郡西院《さいいん》村（現京都府右京区西院）の里正《りせい》（村長とか庄屋の意）を務める尾崎盛之の三男として生まれた。十五歳の頃から烏丸家や冷泉《れいぜい》家に仕えたのち、名門公家の三条実美のもとへ移り、二十歳の時、三条家の家臣の戸田家の養孫になる。このため一時期、戸田雅楽《うた》や戸田三郎とも名乗った。実美は頭の回転が速く、機敏な行動をとる三良を重用し、京都では西郷隆盛や坂本龍馬ら西国の志士たちとの連絡役《つなぎ》の担務を与えた。三良自身も倒幕派の活動家と積極的に交わり、集めた情報をせっせと実美の耳に入れた。

三良は実美の影響を受け、当初攘夷論に凝り固まっていたが、長崎の賑わいを見たり、在留欧米人と接するうち開国論者に転じ、王政復古が実現すると、外国留学を志す。かつて龍馬から聞いた海外事情も三良には大きな刺激となった。

慶応四年（１８６８）二月、実美の命により兵庫へ向かい、開港場を視察し、外国事務総督の東《ひがし》久世《くぜ》通禧《みちとみ》と面談する機会があった。そこで三良は海外留学の希望を打ち明けたところ、東久世は自分の部下で、イギリス留学の経験のある外国事務局判事の伊藤博文に相談してみるよう勧めた。そこで伊藤に会うと、「それは結構なことだ」と賛意を示し、事がうまく運ぶようアドバイスをしてくれた。その時のやりとりを三良は自伝にこう記している。

> 伊藤予（三良）に謂《い》つて曰く、足下《そっか》［キミ］の意、誠に可なり、我之を弁ずべし。但し何《いずくん》ぞ三条公の子息を携帯せざるや。蓋《しか》し是より益々外交の必要あり、宜しく縉紳家《しんしんけ》［公家のこと］自ら率先して洋行し彼の頑固者流の固陋《ころう》を一洗すべしと。予曰く、是れ我［が］願なり、然れども費用弁ぜざるを如何せん。伊藤曰く、足下已《すで》に同意ならば費用のことは我能く之を弁ぜん、（伊藤曰く）足

下先づ勅許を得るの手段を為すべしと。是に於て急に京師《けいし》［都の意］に帰り公［三条］に此事を謀り、遂に勅許を乞ふことゝなれり。

（『尾崎三良自叙略伝』／以下『略伝』）

これを現代語で要約すると、次のようになる。

キミの留学希望は結構なことだ。応援しよう。だがなぜキミは三条公の子息の随行という方法をとらないのかね。新時代を迎え、公家も洋行するなどして旧来の頑迷な考えを改め、新しきものを取り入れなくてはいかん。もっとも随行役になるには、キミから三条公をうまく説得しなくてはならないがね。留学費用のことは心配しないでよい。こちらでうまく取り図ろう。留学を決意したのなら、一刻も早く天皇の裁可が得られるように動いたほうがよい。

つまり伊藤は三良に、早期の渡航を望むのなら、今を時めく三条実美公の子息の留学に従者という立場で随行すればよい、勅許も下りやすく、費用も官費から支出されるので、手っ取り早いと助言したのである。

京に戻って実美に相談すると、「わが息子はまだ子供で、日本のこともよく知らないのに、洋行させても国の役に立たないだろう。むしろ自分が渡航したいくらいだ」と答えた（『略伝』）。息子とは養嗣子の公恭《きんあや》で、当時十四歳であった。三良はあれこれ理屈を並べ立てて実美を説得し、勅許申請の了解を得る。ところが三良が参内して、来意を周囲の者に告げると、大騒ぎになった。

朝廷では洋行の何物なるやしらぬ。洋行とは欧羅巴へ行くのだと説明すると、夫《それ》では唐天竺《からてんじく》より遠いかと云ふから、唐より四、五倍、天竺より二倍位遠いと云ふと、皆仰天して只あきれて何も得云はぬ状況なりし。（『略伝』）

勅許は問題なく下りて、慶応四年（1868）三月、三良らは神戸からイギリスへ向けて出発した。一行は三条公恭、同じく公家の中御門寛丸（寛麿、のち経隆《つねたか》）、長州徳山藩主の世子・毛利平六郎（のち元功《もといさ》）にそれぞれの従者五人の総勢八人で、現地に到着すると、「日本のプリンス三人と外ゼントルメン五人が来た」と、新聞が報じたという（『略伝』）。だがこの時、八人のうち英語を理解する者は一人もおらず、たまたま、同じ船に本国へ帰るグラバー商会の番頭が乗り合わせており、片言の日本語を解したので、イギリス到着まで、あれこれ一行の面倒をみてくれた。
日本から六十二日間の船旅を経てサザンプトンの港に着き、ただちに汽車でロンドンへ入った。当初はホテルで八人一緒に雑居していたが、このままでは仲間うちで日本語だけを話し、いつまでたっても英語を習得することができないとして、それぞれ別に暮らし、英語の教師を雇って学ぶことにした。三良も下宿暮らしを始め、イギリス人の教師宅に通ったが、何日経っても言葉がチンプンカンプンで、次第に食物も喉を通らなくなり、ベッドに横たわる日々が続いた。下宿の夫人は三良が病気になったのではと案じ、彼の友人に様子を見に来てくれるよう電報を打った。しばらくして現れた友人は三良がいわゆる「英語恐怖症」とか「英語拒否症」とでも言うべき症状に陥っていると見抜き、こう説いた。

「きみのようなことは」誰も経験あり、初め二、三ケ月も日本人の少し英語を解する人に就き会話の初歩を習ひ少し計《ばか》り其道に入り、のちに英人に就き学ぶを順序とす。
（『略伝』）

友人はこう助言し、自分の住んでいるリッチモンドという町に移って来るよう勧めた。三良は友人の助言に従って二十キロほど離れたテムズ川沿いのリッチモンドに移り、その町に住む音見清兵衛という日本人の下宿に暮らしながら、彼について英語のイロハから学ぶことにした。音見清兵衛の本名は河瀬真孝《まさたか》。河瀬は長州藩士の家に生まれ、藩校明倫館で学んだあと、倒幕運動に身を投じ、各地で戦功を挙げる。慶応三年（1867）、イギリス商人トーマス・グラバーの協力を得て、同国へ留学したから、戊辰戦争には関わっていない。

三良に会った時、河瀬のイギリス滞在歴はまだ一年に過ぎなかったが、英語教師を引き受けるほどだから、語学力も長足の進歩を遂げていたのだろう。事実、河瀬は有能な人物で、この地で四年間学んで帰国すると、新政府に出仕し、工部少輔《しょうふ》に任じられたのをはじめ、侍従長、イタリアおよびイギリスの特命全権公使、司法大輔《たいふ》、枢密顧問官など顕職を歴任した。彼の妻英子《ひでこ》は伊豆韮山《にらやま》に反射炉を建設するなどした開明派の幕臣、江川太郎左衛門（英龍）の娘で、夫のイギリス公使時代には、現地の日本人留学生たちの面倒をよくみたことで知られる。

スピード結婚

河瀬から三カ月ほど懇切な指導を受け、三良はようやく片言ながら会話が可能なレベルまで達し、日常生活をなんとか不自由なく送れるようになった。三良も「河瀬氏に負ふ所少なからず、終身忘れず」と感謝している。そこで河瀬のもとを離れ、今度はロンドン市内で個人教師業を営むウィリアム・モリソン宅に下宿することにした。

夫《それ》より英人教師モリソン氏の宅へ同居し、朝夕の食事等家族と一所に為し、此《ここ》に居ること凡そ二年余、此間に刻苦勉励英語英書を勤学し、英書歴史等の多くを習得したり。（『略伝』）

三良はモリソン家に下宿した二年間について、いかにも学業に専念していたかのように記しているが、実はこの間に起こった一身上の重要な出来事を自伝や日記に一行たりとも書き残していない。それはモリソン家の一人娘バサイアと結婚したことである。

残っている記録から彼の行動をたどってみると、三良はモリソン家に下宿を始めてから、それほど日を経ずして娘のバサイアと恋に落ち、相思相愛の関係になった。交際は順調に進展し、翌明治二年（１８６９）三月四日、ロンドンのノースエンド地区にあるパリッシュ教会で、二人は挙式している。この時、三良は二十七歳、バサイアは二十六歳であった。

下宿先の娘と下宿人が結ばれるというケースは洋の東西を問わず、昔から珍しくなかったようで、毎日若い男女が同じ屋根の下で顔を突き合わせているうち、自然と心を通わせ、恋愛へと発展していったのだろう。日本では、下宿屋の主人が将来有望と見込んだ下宿人にわが娘を嫁がせようと画策するケースがしばしばみられたが、三良の場合も父親のウィリアム・モリソンから大いに気に入られたと、明治末年の新聞が報じている。

（尾崎三良は）日本の青年としてハ俊秀の誉れ高かりしかバモリソン博士も深かく彼れを愛し、終ひに一女バチラを其の妻に与へ同棲を許すに至りしなり、［後略］（『萬朝報』明治三十八年七月二十九日付）

それにしてもイギリスへ渡ってから、言葉の壁に苦しみ、一時はノイローゼ状態にまで陥った三良が翌年早々、現地女性とスピード結婚にこぎつけたとは驚きである。容貌や人柄、三良が彼女のどこに魅かれたのかは不明だが、彼女と愛の言葉を交わせるほど、英語力も上達したのだろうか。留学生にとって語学上達の早道は「現地人の恋人を持つこと」という話をよく耳にするが、三良の場合も恋愛が英語力の大幅アップにつながったのかもしれない。

また短期間で結婚が成立したのは、三良が日本の親族らにも一切相談せず、独断で決めたことと、彼女の父親のモリソンがきわめて親日的な人物で、宗教をはじめ人種、文化、習慣などの違いを特に問題視しなかったためと思われる。

だが三良は結婚の事実を公表せず、日本の関係機関や知人らにも通告しなかった。それは明らかに意図的な秘匿とみられるが、なぜだろうか。やがてこのことが大きな問題に発展することになろうとは、本人も思いもしなかった。

尾崎三良（1897年）
国立国会図書館蔵

単身帰国

三良とバサイアの結婚生活がどんなものであったかは不明だが、次々と三人の子供をもうけている。いずれも娘で、結婚の翌明治三年（１８７０）に長女・英子、同五年（１８７２）に次女・政子、同六年（１８７３）に三女・君子と、いずれも日本名をつけている。このうち長女の英子（通称テオドラ）は長じて来日し、三十四歳の時、のちに「憲政の神様」と呼ばれた尾崎行雄の後妻となっている。

さて家庭生活の一方で、三良はオックスフォード大学の聴講生となってイギリス法を学びながら、本国政府より任命された約五十名の日本人留学生の取りまとめ役である生徒総代として多忙な日々を送る。

生徒総代として取り組んだ最大の案件は、岩倉具視をトップとする米欧使節団、通称岩倉使節団のアメリカ到着を知るや、渡米し、岩倉や木戸孝允らに条約改正交渉は時期尚早であると献言したことである。海外にいて祖国の国際的地位を客観視できる留学生ゆえに、使節団の条約改正交渉入りを思いとどまらせようとしたのかもしれないが、こうした三良の精力的な働きぶりは使節団幹部の目に留まり、とりわけ木戸は三良に対し、政府のしかるべき部門で処遇するので帰国したらどうかと勧めた。

ところが三良はここでまたまた理解に苦しむ行動をとる。妻子四人をイギリスに残したまま、明治六年（１８７３）十月、単身帰国するのである。この時の帰国については、木戸の帰国要請に応えたという説、実母の訃報に接したためとする説、政府が財政難により、官費留学生に帰国を求める動きを示していることを察知したためとする説などがあるが、木戸の帰国要請説が正しいようである。

いずれの理由であれ、扶養すべき家族を置き去りにしたまま帰国することを正当化できるものではない。もっともバサイア夫人が幼な子を連れて見知らぬ日本へ行くことに難色を示したのであれば、話は別だが、実際はどうであったのか。

帰国後、三良は太政官に出仕し、明治政府の制度取調御用掛に任じられ、法制整備にあたる。面倒見のよい木戸孝允は三良がイギリスで結婚していたことも知らずに縁談を勧めるが、本人はこれを断り、帰国してわずか四カ月後の明治七年（1874）二月、養母の姪にあたる戸田八重と結婚する。さらに五年後には藤木みちという女性を妾にし、彼女との間に十四人もの子供をもうけている。本妻の八重との間にも娘が一人生まれているから、三良は生涯、国内外あわせて十八人もの子供の父親になっている。

尾崎三良の後妻・八重

重婚騒動

三良は帰国に際し、バサイアとの間で、いくつか約束を交わしていたが、何一つ果たされることはなかった。

> 帰朝せし後は直ちに迎へ取るべしとの約束も一月延び二月延び一年又二年、［中略］バチア夫人より送れる手紙に対する愛しき夫《つま》の返事さへ絶えがちとハなりぬ［後略］
>
> （『萬朝報』明治三十八年七月三十日付）

彼女もいずれ夫がイギリスへ戻って来るものと信じて待っていたが、いっこうにその気配はみられない。それどころか妙な噂が彼女の耳に飛び込んできた。それは三良が自分らを置き去りにして日本へ帰ってから、新たに家庭を持ち、政府の役人として順調に出世しているというものであった。彼女の気持ちはいかばかりだったろう。

これに対し、日本側でも三良の行動を知った伊藤博文や井上馨が激怒し、事態収拾に乗り出す。二人は自分らを含め、多くの日本人留学生たちの世話をしてくれた恩人ウィリアム・モリソンの娘をないがしろにしている三良を厳しく非難した。このまま放置すれば、条約改正問題などで日英関係にも悪影響が出かねないことを危惧したのである。加えて後ろ盾である三条実美も三良の不誠実な振る舞いに激怒した。

さすがに三良も時の実力者たちからの糾弾を無視できず、モリソン家側に一時金として二千円を支払う覚悟を決め、外務卿の井上にその方法について相談している。その結果、イギリス出張へ向かう政府高官に現金の手渡しを託すことにしたが、同高官は現地での予定が変更となり、目的を果たせぬまま帰国した。

モリソン家側もついに三良との離婚止むなしとの考えに傾き、離婚協議を進めるため、三良をイギリスないし、欧州のいずれかの国へ外交官として赴任させてもらえないかと、外務卿の井上へ打診してきた。その動きを知った三良はこのまま頬かぶりを決め込むわけにもいかず、日本の法律に従い、一度バサイアと形式的に結婚したうえで、離婚手続きに入ることにした。そこで明治十三年（1880）四月、八重と一旦離婚したうえで、改めてバサイアの入籍届を出し、受理されている。

モリソン家の嘆願が通じてか、三良は翌五月末、ロシアの当時の首都であるペテルブルク（現サンクト・ペテルブルク）の日本公使館へ一等書記官として赴任することになった。現地に着くと、さっそくロンドンのバサイアと連絡をとり、呼び寄せる。おそらく出発前に井上から「二人でよく話し合って、きちんとけじめをつけろ」と、厳命されたのであろう。

この時、離婚する意思を固めていた三良は、バサイアの意思を最終確認したうえで、子供の養育問題などについて決着をつけようと考えた。同年九月半ば、彼女がイギリスからロシアへやって来て、話し合いが行われた。三良から日本での家庭生活について説明があり、バサイアはそれを聞いて、夫の「重婚」が、噂通り事実であったことを知り、愕然《がくぜん》とする。彼女自身に、もはや日本へ行く意思はなく、二人の関係も元に戻ることはあり得ぬと判断して、三カ月滞在したペテルブルクを去った。

三良のロシア勤務はわずか一年で、帰朝命令が出た。当地に赴任したのは、バサイアとの離婚協議に決着をつけるためだったと言ってもよく、ずいぶんいい加減な人事が発令されたものである。もっともこれは井上馨や伊藤博文らが世話になったバサイアの父親の恩に報いるために執った「超法規的措置」だったと思えば、合点がいく。
翌明治十四年（1881）七月、三良は本国へ帰る際、ロンドンに立ち寄り、離婚同意書に署名した。
七月二十一日の三良の日記。

晩モリソン並ニバサヤ（バサイア）来ル。離縁談アリ。協議整ヒ子供ハ皆遺《のこ》シ、金五百五十封度《ポンド》ヲ以テ手切レ（手切れ金）トス。約束書等都《すべ》テ別紙ニ詳《つまびらか》ナルヲ以テ之ヲ略ス。

（『尾崎三良日記』）

手切れ金五百五十ポンドを当時の為替レートで換算すると、約三千六百円に相当し、三良はロシア在勤中の月給二百五十円の約十四カ月分に相当する金額を支払うことで合意に達し、バサイアとの関係にピリオドを打った。しかし当時のイギリスの法律によると、三良とバサイアが署名したのは離婚同意書ではなく、別居同意書であったという。現に後年、役所へ提出されたバサイアの死亡届には「バサイア・オザキ」と記されていたことからも、法的には離婚が成立していなかったことがうかがえると、明治前期の日本人の国際結婚に詳しい小山騰《のぼる》は指摘している。

その後、明治十八年（1885）にウィリアム・モリソンが死去すると、三人の子供を抱えたバサイアの暮らしは困窮し、彼女はロンドン駐在の園田孝吉領事に救いを求めて直訴するという一幕もあった。これによって三良のスキャンダルが日本にも伝えられ、彼は批判を浴びることになる。三良がどんな理屈を並べようとも、その身勝手さに弁解の余地はなく、三良にとってバサイアは「現地妻」に過ぎなかったと言っても、言い過ぎにならないだろう。こうして近代日本最初の国際結婚は最初の国際離婚となった。

ちなみに明治新政府が日本人と外国人との結婚を正式に許可したのは、明治六年（1873）で、その第一号はイギリス人ライザ・ピットマンを妻にした旧長州藩士高杉晋作の義弟の南貞助である。だがこのカップルものちに離婚している。

藤堂高紹とエリーナ・グレース・アディンソン

五歳で伯爵

尾崎三良と同じように留学先のイギリスで結婚していながら、妻を置いたまま帰国し、別の女性と結婚しようとした旧大名家の御曹司がいる。旧伊勢・津藩（現三重県）三十二万三千石の最後の藩主藤堂高潔《たかきよ》の長男高紹《たかつぐ》である。彼は明治十七年（1884）の生まれだから、サムライ経験はない。だが彼の父親は築城の名手として知られた藩祖高虎《たかとら》から続く名門武家の末孫、そして母親もまた阿波徳島藩の蜂須賀家から嫁いできたから、れっきとしたサムライの血を受け継いでいる。

明治二十二年（1889）、父が死去したため、高紹は五歳で、急きょ家督を継ぐことになり、同時に伯爵という爵位も襲爵した。家督を継いだといっても名ばかりで、これまで通り旧臣たちが藤堂家の家務会計を万事取り仕切ったから、当人がなすべきことはなかった。伯爵という地位にしても、幼少の高紹にとっては「猫に小判」のようなものだったろう。だが旧臣たちはこの爵位について、我慢がならなかった。

「公・侯・伯・子・男」という五爵位は明治十七年（１８８４）七月に公布された華族令によって定められた。将軍や大名など旧武家の爵位を見ると、最高位の公爵に叙された徳川宗家、薩摩の島津、長州の毛利の三家は例外として、それ以外では津藩より石高の少ない二十万五千石の出羽秋田藩・佐竹家が上から二番目の侯爵に叙されているのに、六十二万石の仙台藩、津藩とほぼ同規模の越前福井藩、二十一万石の筑後久留米藩などはいずれも三番目の伯爵とされた。

江戸時代、加賀百万石の前田家といえば、日本一の大大名と評されたように、表向きの石高が大名家の格式を決める大きな尺度となっており、世間の見方もそうだった。ちなみに前田家は侯爵である。藤堂家の家臣たちは石高に見合った爵位になっていないとして、その不平等さに不満を募らせたのである。

爵位はその後、一部見直しが行われ、福井藩・松平家と、津藩の三分の一にも満たない石高の宇和島藩・伊達家は、それぞれ伯爵から侯爵へ昇爵している。これは幕末の政局収拾に尽力したことから「幕末の四賢侯」と呼ばれた四大名のうち、薩摩の島津久光は公爵、土佐の山内容堂は侯爵に叙されたのに対し、越前の松平春嶽と伊予宇和島の伊達宗城は当初、一段下の伯爵とされたからで、政府が勲功のバランスをとったのであろう。

こうした中、藤堂家の家令と家扶は先君の死から三年後の明治二十五年（1892）十月、連名で、時の宮内大臣土方久元に対し、藤堂家の爵位をワンランク上げ、侯爵にしてほしいと願い出る。その時の内願書には次のように記されていた。

「王事に竭《つく》し、軍備に懈《おこた》らざりし微功を思し召し出し合わされ、非常の特典を以て侯位の爵に昇叙を賜りたく内願候」

（『〈華族爵位〉請願人名辞典』松田敬之）

つまり新政府の誕生に向け、尊皇の念を持って微力ながら戦功を挙げた点を評価してもらい、特段の配慮によって侯爵に格上げしてほしいということである。

だが藤堂家の訴えは却下される。すると二年も経たぬうちに再度、勝海舟など外部の力も借りて昇爵運動を展開するが、これも実らなかった。さらに懲りることなく、その後も大正四年、昭和三年と二度、請願しているが、いずれも不許可とされ、藤堂家は昭和二十二年（1947）に華族制度が廃止されるまで伯爵のままであった。なぜ訴えは不首尾に終わったのか。

爵位は武家華族の場合、表向きの石高（表高）ではなく、収納高（現高・実収入）によって機械的に割り振られた。したがって表向きの石高が多いからといって、必ずしも爵位が高くなるというわけではなく、新田開発や特産品の有無などによって収納高が増減した。

その叙爵基準とは、現高で十五万石以上が侯爵、十五万石未満〜五万石が伯爵、五万石未満が子爵というもので、秋田藩・佐竹家の場合、現高が十八万石だから侯爵、津藩・藤堂家は現高を十二万四千石と申告したため、伯爵とされたのである。

もっとも当事者たちへは、どういう基準で爵位が決められたのか公表されなかったので、藤堂家以外にも疑念や不満を抱く者が少なからずいた。藤堂家の旧臣たちはあくまで三十二万三千石という大藩のプライドにこだわり、何としても主家の盛名を維持しなければと、執念を燃やしたのである。

それほど篤き忠誠心を抱く彼らであるから、時代が移っても若殿の高紹に対し、先君と変わりなく手厚く接したであろうし、高紹も忠臣たちの庇護を受けつつ、さほどの苦労をすることもなく成長したものと思われる。

留学と結婚

高紹は学習院初等科を経て、明治三十七年（1904）、二十歳の時、イギリスへ私費留学する。学習院時代は秀才の誉れが高かったともいう。現地に到着すると、ケンブリッジ大学へ入学するための準備段階として、ケンブリッジ市内のリーズ・スクールで学ぶ。一説にはケンブリッジ大学に三年間在学したともいわれるが、日本人の初期イギリス留学生の動向に詳しい小山騰によると、同大の在籍記録には、その名を見出せないという（『破天荒〈明治留学生〉列伝』小山騰）。

彼は資産家の藤堂家から潤沢な仕送りを受けていたので、生活に窮することもなく、高級下宿に暮らし、狩猟など趣味の世界を堪能していたようである。

その高紹は在学中、エリーナ・グレース・アディソンという六、七歳年上の女性と知り合い、恋に落ちる。二人の出会いが、いつ、どんなきっかけだったかは不明であるが、共通の趣味を通じてか、あるいは日本のプリンスとして出席した上流階級の集うパーティだったか。前出の小山は、エリーナについて、彼女は当時二十九歳の未亡人、父親の名はマロス・カレロで男爵、アディソンというのは前夫の姓、エリーナという名前や父親の名前などからイタリア系か、南欧系の女性ではないかと推測している。

明治四十年（1907）七月にリーズ・スクールを卒業した高紹は、二カ月後の九月に彼女と結婚する。結婚証明書が残っているから、教会で挙式したのであろう。エリーナは晴れて「トウドウ伯爵夫人」となった。ところが高紹は尾崎三良と同じく、結婚について現地の日本公使館に届けず、本国の関係機関にも通知しなかった。当然、日本の親族や旧家臣たちにも知らせず、独断で結婚を決めたということである。

だが二人が一緒に暮らした時間はきわめて短く、結婚式から三カ月後の十二月、高紹はエリーナに必ず迎えに来ると言い残して単身帰国、外務省に出仕して政務局で通訳業務を担当する。妻を同伴せずに帰国し、仕官したのもまた尾崎三良と同じである。

周囲の者たちは帰国した「若殿」がイギリスで結婚したとはゆめゆめ思わず、早速、良縁探しに動き出す。やがて皇族の娘との話が持ち上がる。その女性とはドイツ留学生の章で取り上げた北白川宮能久親王の三女で、当時学習院女学部国文専攻科に在学中の武子である。彼女は北白川宮の五人の側室の一人が生んだ子だった。

それにしても興味深いのは、高紹がイギリス留学中に結婚した相手は未亡人で、帰国後に結婚しようとした相手の父親もドイツ留学中に未亡人と婚約していた。つまり姻戚関係を結ぶことになるかもしれぬ二人の男たちには奇しくも海外留学先で、「未亡人」と恋に落ちた前歴があるということだ。

高紹は周囲がお膳立てしたこの結婚に同意するが、話が煮詰まっていくにつれ、さすがにこのまま頬かぶりはできないと思ったのだろう。藤堂家の家令や家扶など旧家臣たちにエリーナの件を打ち明ける。寝耳に水の話に彼らは仰天し、これぞお家の一大事として頭を抱えた。華族の無断結婚は認められておらず、発覚すれば、懲罰が課せられ、藤堂家は存亡の危機に直面することになる。またエリーナ側から訴訟でも起こされれば、決着まで時間を要し、莫大な離婚慰謝料を請求されかねないと、危惧したのである。

弱りきった家令、家扶らは、ともかく早急にエリーナ夫人と離縁する方策を講じなくてはと、額を集めて相談を重ね、その結果、次のような手順を踏むことにした。

まづエリーナ夫人を藤堂家の戸籍に入れて　同女をして英国人たる国籍を喪失せしめ　然る後　日本の戸籍法に依り　富と伯爵家の威力を以て　之が離婚を決行せんとしたるにあり

協議漸く一決するや　黒川家令は直ちにエリーナ夫人との婚姻届書並に離婚届書を同時に作成して　本年八月十一日　本所区役所［現墨田区］に至り　最初に婚姻届を差出し　次に協議離婚の届出をなせしに　同区役所の戸籍吏は二通とも容易に之を受理したり　勿論神ならぬ夫人は　夢にもかかる企みありとは

知らざるなり
（『国民新聞』明治四十一年十二月二十八日付）

婚姻届けと離婚届けが同日に時間差なく、役所に受理されるようなことがあり得るのか、にわかに信じ難いが、藤堂家側はなりふり構わずエリーナとの婚姻解消に向け、突き進んだようである。

新聞記事は、区役所の戸籍係が「容易に之を受理したり」と、何の疑問も抱かず、事務的に処理をしたような書きぶりである。とすれば黒川家令は「してやったり」と思ったはずである。

このあとエリーナ側とどのような交渉が行われたのか、詳細は不明だが、「富と伯爵家の威力」をもって対応したとすれば、相応の慰謝料を支払ったことは疑いない。最終的に彼女も離婚に同意し、藤堂家側の懸案は解決した。おそらく高紹自身はこれら一連の煩雑な事務手続きやら交渉に自ら手を染めることなく、家令らに「丸投げ」したのではあるまいか。

こうしているうち同年十二月、明治天皇の勅許も下り、両家の婚約が正式に整った。ところが喜びも束の間、どこから漏れたものやら、高紹のイギリス時代の結婚が発覚し、大騒ぎとなった。

寝耳に水の話に北白川宮家は動転し、これが事実であるなら、天皇に対して申し開きができぬとして、即座に婚約解消を決め、藤堂家側へ家令を遣わして、その旨を伝えた。高紹側もこれを受け入れざるを得ず、婚約勅書を返上した。

高紹の不祥事を受け、同月二十六日午後、宮内省にて華族懲戒委員会が開かれ、委員長の公爵徳川家達《いえさと》貴族院議長以下七名の委員が出席し、処分内容を協議した。なおこの日、委員の一人である蜂須賀茂韶《もちあき》侯爵は高紹の利害関係人ということで出席を見合わせた。高紹の母は蜂須賀家の出身だったからである。二時間にわたる協議の末、藤堂家に対し、華族礼遇停止、つまり華族という身分の一時剥奪という懲戒処分が相当との結論が下された。

藤堂高紹と後妻・信子

当日、処分内容を耳にした『国民新聞』の記者は、高紹本人から直接コメントを取るべく、本所横網町（現墨田区）の藤堂邸へ駆け付けると、広瀬と名乗る家扶《かふ》が現れた。同紙によると、広瀬は同記者に対し、「折悪しく伯爵は四日前より風邪の為引籠《ひきこもり》中」なので、本人に取り次ぐことはできないと答えた。しかしなお食い下がる記者に、自分の一存では何とも答え難いので上の者と相談すると言って、奥の間に消えた。待つこと約一時間、再び現れた広瀬は「隠し切れざる悲痛の色を面に浮べて」、次のように答えたという。

「此の事件に関して数日前　宮内大臣より始末書を徴せられ　当伯爵家よりは昨日を以て詳細なる始末書を提出せり　目下伯爵は謹慎中にて只管《ひたすら》何分の沙汰を待ち居る姿なれば　言ひ解きたる事　弁明したき事数々あれど　［中略］何《いず》れ其筋の詮議の済むを待つて詳細なる弁明を試み以て世上の疑惑を解かんと欲す［後略］」

（『国民新聞』明治四十一年十二月二十八日付）

高紹側にも言い分があったというが、それが本人の口から語られることはついになかった。それにしても高紹はなぜこのような不始末を仕出かしたのだろうか。同じく『国民新聞』はこう伝えている。

何故に藤堂伯は一旦結婚したるエリーナが急に嫌になりて　遂に斯《か》かる悪策まで運《めぐ》らして離婚するに至りしかと云ふに　本年七月頃　畏《おそ》れ多くも北白川宮家よ

り女王殿下御帰嫁の儀が纏《まとま》りたる為にして　伯は如何にもして此《この》無上の光栄を担《にな》はんとしたるが　奈何《いかん》せん妻ある身にては詮方《せんかた》なし　さりとて此際《このさい》願ふても なき此《この》光栄を見すく逸し去るは　此上もなき遺憾なるものから　茲《ここ》に以上の策を弄して一時を瞞著《まんちゃく》［だますこと］し　以て首尾よく女王の御帰嫁を請ひ奉らんと企みしものなりと噂さる　［後略］

藤堂家にとって皇族女性との結婚がいかに名誉なものであるにせよ、イギリス女性と結婚しておきながら、置き去りにして帰国し、別の女性と結婚しようとすれば、物議を醸すであろうことは高紹とても分からぬはずはない。にもかかわらず、これを強行しようとした彼の精神構造を疑う。とりわけ尾崎三良のケースより「悪質」なのは、相手方の同意を一切得ることなく、一方的に離婚を決断し、手続きを推し進めたことである。

まさにぼんぼん育ちの世間知らずの所業と断じたいところだが、『華族総覧』（千田稔）には、高紹の人間性が好意的に紹介されている。同書によれば、高紹は「『皇室の藩屏《はんぺい》（守護者）たるの責任』を重視し、『謹厳、自己を持する』ところが強かった。また『極めて平民的で［中略］殿様振りを示せる事』なく、『人に対して宏量にて忠恕（思いやりの深いこと）』でもあった」という。それほどバランス感覚のある人物なら、なぜこのような事態を招いたのか、弁明を聞いてみたいと思うのは筆者ばかりであるまい。

熱きエール

高紹が世間の厳しいバッシングを浴びる中、大胆にも彼を擁護する主張を掲げた雑誌が現れる。滑稽文芸雑誌と称する『笑《わらい》』で、同誌の明治四十二年（1909）一月十五日号に、水上行風なる人物が「藤堂高紹に与《あた》へて積極的行動を勧むる書」と題する一文を発表した。この中で水上は大真面目で高紹に同情し、奮起を促す主張を展開している。同誌がどんな読者を対象とし、また筆者の水上とはいかなる人物なのか不明だが、同記事は読み物として面白いので、ここにその一部を要約して紹介する。なお原文は難解な漢語と古風な言い回しが用いられているため、筆者の責任で現代語訳する。

一、華族礼遇停止という処分について

「貴殿［高紹のこと］はエリーナとの恋によって、あたかも断頭台に立たされたかのように、不名誉な立場に追い込まれてしまった。イギリス留学で得た知識を持って、世の期待に応え、大いなる名声を手に入れるはずが、すっかり目算が狂ってしまった。ああ、それにしても帰国後のわずかな間に、思いもよらず華族礼遇停止という災難に遭うとは、なんという人生のめぐりあわせか、痛恨の極みである」

二、騒動の責任の所在について

「今回の礼遇停止の件は貴殿の罪ではなく、家扶や家従など周囲の者たちの罪である。貴殿は愚かな彼らにそそのかされ、自分の本心を偽り、あってはならないエリーナとの離婚を承諾した。彼女との愛は断ち難いはずなのに、なぜこちらから皇族の娘にひれ伏して、偽りの結婚に踏み切るような罪を犯したのであろうか」

三、取り巻きたちの思惑について

「藤堂家と言えば、伊勢の地を領する名家である。取り巻き連中は、その藤堂伯爵家に紅毛碧眼の女性を夫人として迎えるようなことは、伊勢神宮に対しても誠に相済まぬことであるとした。同時に彼らはいやしくも宮家との婚姻が成立すれば、藤堂家にとってはこのうえもない名誉になるので、紅毛碧眼の一女性のために、その栄誉を逸することは極めて残念で悔しいことであると考えた。なんとしてでも栄誉を手に入れたいと考える彼らは、貴殿が自分の気持ちを偽り、宮家をも偽る結婚に進むことがどれほど不徳不義なものであるかを理解していない。時勢を読むことのできぬ彼らの愚かさは筆舌に尽くし難い」

四、エリーナとの関係復活について

「個人の自由な意志に基づいて藤堂高紹君が、ハンガリー貴族の子［ママ］であるエリーナと結婚することを非難する理由はこれっぽっちもない。まずいことは何があろうか。我が日本はかつての日本ではない。世界列強の一員である。日本はもはや世界から一目置かれる国になった。国民も世界的視野に立って行動しなくてはならない。

藤堂高紹君、貴殿は速やかにイギリスのロンドンへ赴き、淋しく貴殿を待ち続けているエリーナの手をとり、思いの丈をぶちまけ、昔から抱いていた愛情を再び温めよ。そして一人の日本人として世界の舞台に、貴殿の赤誠を示せ。

貴殿の祖先も必ずやエリーナとの婚姻を喜ぶことだろう。謹慎など、どんな効果があるというのか、全く馬鹿々々しい。むしろ彼女に隠すことなく真情を吐露することとこそ男らしい。その愛の告白を天下に公表せよ。
貴殿には愛するエリーナ夫人がいる。二百万円もの財産がある。貴殿には学才もあり、国家社会に貢献できる分野は多い。なんで細々《こまごま》した煩わしい小世界に遠慮がちにとどまっている必要があろう。今や貴殿は囚われた伯爵という名から解き放たれたのだ。旧時代の考えに凝り固まった頑固者の迷夢を一挙に打ち砕くような気概が貴殿にはないのか、敢えて勧告する」

勇ましい進軍ラッパのような高紹への応援ぶりであるが、水上行風の言わんとするところ、いささか「贔屓《ひいき》の引き倒し」の感を否めない。

高紹の華族礼遇停止という処分は、半年後に解かれ、伯爵に復帰した。その後、彼は外務省から宮内省の式部官に転じ、破談騒動のほとぼりが冷めた頃、旧信州松代藩（現長野県）の最後の藩主真田幸民《ゆきもと》の三女信子を妻に迎えた。
一方の武子は破談から三年後に旧上総飯野藩（現千葉県）の最後の藩主保科正益《ほしなまさあり》の三男正昭のもとへ嫁いだ。どちらも典型的な華族間の結婚であった。

最後に高紹には意外と知られていない一面があったことを紹介しておこう。それは彼が英語以外にイタリア語を秘かに学んでいたことである。よもやイタリア系とも言われたかつての妻エリーナを思い出してのことではあるまいが、いかなる経緯でイタリア語に興味を持ったのかは定かでない。その彼は昭和の初め、イタリア政府から勲章を授与されたというから、日伊関係の発展に何らかの貢献があったのだろう。死去する五年前の昭和十三年(1938)、五十四歳の時に共著で『伊日辞典』を刊行している。何ともつかみどころのない人物であったようだ。

第三章　アメリカ女性との恋

アメリカ女性との恋◎関連年表

年	―松平忠厚―	―新渡戸稲造―	―朝河貫一―	〔日本・世界の出来事〕
1851	生誕			南北戦争（1861）
1862		生誕		生麦事件（1862）
1872	兄忠礼とアメリカへ私費留学			奴隷解放宣言（1963）
1873			生誕	明治維新／戊辰戦争（1868）
1875	工学専攻	東京英語学校入学		樺太・千島交換条約（1875）
1877		札幌農学校入学／受洗		
1878	カリーと駆け落ち			
1879	ニューヨーク移住／カリーと結婚式			鹿鳴館開館（1883）
1884		ボルティモアに私費留学		
1886	コロラド州で鉱山監督補佐官として働く	メリーとの出会い		
1887		3年間のドイツ留学開始	福島尋常中学校入学	
1888	結核で死去			
1891		メリーとフィラデルフィアで結婚／帰国		ブラジル共和国成立（1889）
1892			東京専門学校（現早稲田大学）入学	
1896			ニューハンプシャー州に留学	日清戦争（1894）
1900		『武士道』英語で出版（1908、日本語で出版）	この頃から数年の間にミリアムと出会う	
1905			ニューヨークでミリアムと結婚	
1913			ミリアム、34歳で死去	日米紳士協定（1908）
1918			この頃東京でベラと出会う	第一次世界大戦（1914～1918）
1919			ベラに惜別の電話。アメリカへ戻る	
1933		死去		
1948			死去	

松平忠厚とカリー・サンプソン

兄弟留学

松平忠厚は、信州上田藩五万三千石の六代藩主松平忠固《ただかた》の二男として嘉永四年（1851）に江戸の藩邸で生まれた。父親の忠固は、ペリー来航の折、老中の地位にあり、大いに開国論を主張して日米和親条約や日米修好通商条約の締結に向け、旗振り役を務めたことで知られる。

忠厚には一歳上の異母兄、忠礼《ただなり》がおり、忠固の急死のあとを受けて七代藩主に就く。忠厚は文久元年（1861）、上田藩の飛び地である更級《さらしな》郡内の塩崎知行所（現長野市）五千石を治める旗本松平忠行の養子となり、慶応三年（1867）に十六歳で家督を相続した。幕末維新の混乱期、譜代の上田藩は当初、幕府側に立って将軍徳川慶喜の助命嘆願に動くが、朝廷側に容れられず、最終的には兄弟とも官軍の一員として藩兵を率い、北越戦争、会津戦争に参戦し、明治を迎えた。

明治二年（1869）、新政府は版籍奉還の布告と同時に太政官布達を発し、「公卿諸侯の称を廃し、華族と改む」とした。つまり公家や大名たちの旧支配層を新たに「華族」という名の社会の上層階級に組み入れ、皇室の藩屏（守護者）として体制の補完的役割を担わせることにしたのである。忠礼も華族となり、同時に上田藩知事に任じられるが、二年後、廃藩置県により免官となる。

松平忠厚
上田市立博物館蔵

ここで話は脇道にそれるが、忠礼は藩知事をお役御免になったあと、どこで暮らしていたのか気になった。というのは廃藩置県後、旧大名たちは東京在住が義務付けられ、旧藩時代に複数保有していた江戸屋敷のうち、居住用の私邸は一邸のみとし、そのほかは政府に上地（返納）させられたからである。その時、彼らの多くが私邸と定めたのは、江戸城から比較的近い地に置かれた上屋敷ではなく、城から少し離れた旧中屋敷だったという。上田藩松平家の場合、中屋敷は筆者宅から目と鼻の先の現文京区本郷二丁目と同四丁目にまたがる地（旧本郷真砂町）にあった。

忠礼もここを廃藩置県後の活動拠点としたならば、ひょっとして、当時わが家の界隈で彼の姿を見かけた住民もいたのではと思い、上田市立博物館に問い合わせてみると、学芸員氏曰く「忠礼の藩知事免官後の居住地を示す文書は見つかっておらず、東京のどこに居住したのかは不明」とのことだった。

上田松平家が肥前唐津藩小笠原家との「屋敷相対替」（大名間の屋敷交換）により、この屋敷を引き継いだのは幕末の安政五年（１８５８）というから、いくらも使用せぬうちに明治を迎えたことになる。しかも忠礼は幼年期を上屋敷で過ごしたであろうから、本郷の中屋敷はあまり馴染みのある場所でなかったかもしれない。

一方、弟の忠厚は藩主ではなかったため、明治二年（１８６９）の版籍奉還を機に領地や領民を新政府に引き渡し、上京する。だが、こちらもどこを活動拠点にしたのかは不明である。この時、彼は既に養家の娘と結婚しており、子供も一人もうけていたが、妻子は国元へ置いたままで、以後一度も会うことはなかった。なお子供は生後間もなく亡くなっている。

東京に出た忠厚は築地居留地の教会へ通い始め、キリスト教へ入信する。同時に幼い頃から英明の誉れが高かった忠厚には修学への強い思いがあり、それを海外留学によって実現しようと考え、おそらく英語の勉強も始めていたかもしれない。旧習や煩雑な人間関係に縛られる社会から一刻も早く抜け出し、自由になりたいとの一念からであった。海外を志向したもう一つの理由は、開明的な亡父が生前、息子たちに残した次のような遺訓に応えるためでもあった。

「交易は世界の通道（道筋の意）なり。皇国の前途は交易により隆盛を図るべきなり。世論轟々《ごうごう》たるも開くべきの通道必ず開けん。汝らもその方法を講ずべし」
（『松平忠固・赤松小三郎』上田市立博物館編）

明治四年（1871）十月、政府は華族に対し、国民の模範となるよう、海外留学などして最新知識や技術の習得に努め、国家に貢献するよう求めた。さらに明治天皇も次のような勅諭を発した。

華族ハ国民中　貴重ノ地位ニ居リ　衆庶［庶民］の属目［期待して見守ること］スル所ナレバ、［中略］智ヲ開キ、才ヲ研《みがく》ハ、眼《まなこ》ヲ宇内《うだい》［天下］開化ノ形勢ニ著《つ》ケ、有用ノ業ヲ修メ、或ハ外国へ留学シ、実地ノ学ヲ講スルヨリ要ナルハナシ。

こうした中、兄の忠礼もまた留学の意思を固め、兄弟は明治五年（１８７２）七月、アメリカ留学のため日本を離れた。兄には旧藩士が同行した。官費留学となれば、国内の学科試験が義務付けられるほか、細かい制約があり、時間を要するため、彼らは手っ取り早く渡航できる私費留学の道を選んだ。兄二十二歳、弟二十一歳の時である。

二人が向かった先は東海岸ニュージャージー州のニューブランズウィックにあるラトガース大学である。同大学は一七六六年、オランダから殖民したオランダ改革派教会の人々の支援によって設立され、同派本部から開国後の日本へ派遣されたグイド・フルベッキという親日家の宣教師が留学を希望する日本人に推薦状を添えて同大へ送り出していた。このため幕末から明治初期にかけ、同大学で学んだ日本人は多く、松平兄弟が入学した時には、勝海舟や岩倉具視の子息ら約二十名の日本人学生が在学していた。

兄の忠礼はアメリカへ渡る前年の明治四年（１８７１）十一月、長崎へ赴いているが、何が目的だったのだろう。もしフルベッキにラトガース大学への留学推薦を依頼するなら、東京で事が足りたはずである。なぜならフルベッキは明治二年（１８６９）二月、新政府の求めに応じて長崎から上京し、大学南校（東京大学の前身）で教頭職に就いていたからである。

とすれば、長崎行きは語学研修など留学準備のためだったのかもしれない。

ニューブランズウィックに到着した二人はいきなり大学に入ったわけではなく、まず英語力と基礎学力を身につけるため、大学付属のグラマースクールで学び、三年後に大学の理工系の課程へと進んだ。兄弟がどんな学生生活を送っていたのか、記録は多く残っていないが、それぞれ熱心に学業に励み、兄の忠礼は全米の主要大学の卒業生の中で、成績優秀な学生のみに与えられるファイ・ベータ・カッパという栄誉ある団体の終身会員資格を取得している。ラトガース大学に学んだ日本人で、この栄誉に浴したのは、忠礼より前にも三名おり、最初は旧越前福井藩から派遣された日下部太郎《くさかべたろう》、二人目は旧長州藩出身の服部一三《いちぞう》、三人目は江戸出身の工藤精一である。

一方、弟の忠厚の方もモニトルという同大の学生会長（風紀委員とも）に選ばれたほどだから、学業優秀で、品行方正の学生だったのだろう。こちらは次男坊のせいか、陽気で物怖じしないタイプで、日本人の留学生仲間やアメリカ人たちとも積極的に交流した。明治九年（1876）にフィラデルフィアで開催された万国博覧会ではアルバイト（ボランティアとも）を志願するなど、行動的な学生だった。

雲隠れ

アメリカに来て六年の月日が流れた。明治十一年（1878）十一月、二人は大学での全課程を修了し、翌年の卒業式を待たずして帰国することになった。アメリカ滞在が長くなるにつれ、忠礼のもとへは、日本の親族や旧家臣たちから、いつ帰るのかという問い合わせが相次ぎ、本人もいかに自分の帰国が待たれているのか、ひしひしと感じていた。それは外国で習得した最新知識や経験を活かし、日本で大いに活躍してほしい、松平家の盛名を復活してほしいという期待感の表れと受け止め、家長たる自分にはそれに応える責務があると思った。

忠厚としても養家のことが気にならぬわけではなかった。もう少し学業を続けたいと思いつつも、私費留学であることを思うと、いつまでも国元へ経済的負担をかけ続けるわけにもいかない。兄は弟にも事情を話し、一緒に帰国するよう促した。

ところが帰国予定日に思いも寄らぬことが起こった。集合場所に忠厚が姿を現さなかったのである。忠礼は弟に何度も帰国の段取りについて伝えていたはずだが、当日まで何の連絡もなかった。ということは、二人は別々に暮らしていたとみられる。前出の日下部が在籍していた頃（1867〜1870）、ラトガース大学には寄宿舎がなく、遠隔地からの学生は指定された下宿先で生活することになっていた。この状況が変わっていなければ、兄弟も大学周辺の民家で生活していたことになるが、同じ家にいては、ついつい日本語を話してしまう機会が多くなることを懸念して、別々の暮らしを選んだものと思われる。

ではこの時、忠厚はどうしていたのか。彼は既にニューブランズウィックの町を離れていた。つまり最初から兄に同行して帰国する意思がなく、覚悟のうえの「雲隠れ」であった。というのは、忠厚は兄に言えない事情を抱えていた。それは将来を誓ったアメリカ人の恋人がおり、彼女と別れて帰るわけにいかなかったからである。

忠厚の恋人とはニューブランズウィックの町で、書籍を中心に文房具、雑貨などを手広く商うウィリアム・サンプソンの娘カリー・サンプソンだった。ウィリアムの店は近くにあるラトガース大学の教授や学生たちを上得意にしており、彼らが絶えず出入りしていた。十九歳のカリーは店の看板娘で、学生たちの間では誰が彼女を射止めるのか話題になっていたと思われる。

カリーの写真が残っている。まだ少女の面影を宿し、愛らしい人形のような顔立ちである。忠厚も店へ足を運ぶうち、カリーに心を惹かれ、彼女も東洋の島国から来たノーブルな顔立ちをした、大学でモニトルにも選ばれるほどの真面目な青年に好意を抱いたのであろう。二人の恋が順調に進展したのは、おそらく忠厚が父親に気に入られたことも一因と思われる。

というのも父親のウィリアムは教会の熱心な信者で、地域の宗教活動にも積極的に取り組んでいた。忠厚が渡米前にキリスト教へ入信して以来、ずっと信仰心を保ち続けていたことが、父親に安心感を与え、カリーとの交際を温かく見守ってくれた大きな理由ではないか。

カリー・サンプソン
上田市立博物館蔵

兄弟の待ち合わせの場所は、ニューブランズウィックの町なかの鉄道駅であったと思われる。いつまで待っても現れない弟に忠礼は怒りがこみ上げた。「あいつはいったい何を考えているんだ。連絡もよこさないで……」と、憮然とした思いを抱いてニューヨークへ向かい、大陸横断鉄道に乗り換えた。日本行きの船の出るサンフランシスコの港にも忠厚からの伝言は届いておらず、兄は割り切れぬ気持ちのままアメリカを離れた。

結婚

忠厚も大学を卒業したからには、どこかで働き口を見つけ、自活していかなくてはならない。生まれてこのかた、自分の力で金を稼いだことのない彼にとって初めて直面する人生の試練であった。兄が帰国してまもなくニューヨークに移り、明治十二年（1879）一月、ニューヨーク・ローン・インプルーブメントという建設会社に入社する。しかし大学で理論は学んだが、実務経験のない彼は周囲の熟練技師の仕事ぶりを見て、力量不足を痛感し、短期間で同社を退社する。その後、マサチューセッツ州のウースター工科大学の聴講生になり、建築土木関連の学科を学んでいる。

カリーの父親ウィリアムは日本人との結婚について特に反対もせず、承諾した。二人は同年八月、ニューヨーク州マイナビルという小さな町に住む彼女の姉の家で結婚式を挙げる。この時、忠厚は二十八歳、カリーは二十歳、日本人男性とアメリカ人女性との結婚第一号ともいわれている。しかし忠厚はこれを日本の兄へ報告せず、ワシントンの日本公使館にも届け出なかった。それより忠厚がカリーや彼女の親たちに対して、日本に妻子を残してきたことを告げていなかった可能性がある。

忠厚はカリーのどこに魅かれたのか、結婚に際して日本に置いてきた家族のことが気にならなかったのかなどについて、何も書き残していないので不明だが、おそらくこんなことではなかったか。

忠厚がカリーの可愛らしい容貌や素直な性格に魅かれたことは間違いないが、それだけで結婚を決意したのではあるまい。アメリカに渡って同世代の若者たちと接するうち、彼らが実に伸び伸びと日々を送っていることに羨望の念を抱くようになり、自分の生まれ育った社会がいかに制約の多い窮屈なものであったかを思い知らされた。

振り返れば、これまでの人生は、親の命じた養家先に入り、家付きの娘と結婚して家庭を持つなど、自分の意思とは別な力によって決められてきた。だが時代は移り、自分の置かれた環境も変わったのだ。ようやく自分の意思で、人生をリセットできるチャンスが巡ってきたと、彼は思うようになった。

そんな時、カリーと出会った。彼女は年下ながら、自分の意見をしっかりと持ち、そして自分の責任で行動する、日本ではお目に掛かったことのないタイプの娘だった。忠厚の女性観は大きく変わり、生涯の伴侶とするべきはこういう女性であるとの考えに達した。結婚とは互いに愛し合い、信頼し合った者同士でなされるべきだ。自分の伴侶は自分で決める。となれば相手はカリーのほかに考えられない。日本に残した妻には、いずれ了解してもらう。

忠厚はそう決断したのであろう。

とはいうものの、いつまでも結婚の事実を日本側に隠し続けるのはまずい。忠厚はついに動いた。明治十三年（1880）十二月、兄に随行していた旧上田藩士の山口慎が、ひと足先に帰国していたので、忠厚は彼を介して忠礼宛に手紙を送った。帰国日に姿をくらませてから一年余りが経ってからのことである。

その中で、忠厚は改めて「突然の雲隠れ」について謝罪するとともに、あのあとアメリカ人女性と結婚したことを報告し、養家からの離縁と松平本家への復籍のために、必要な手続きを執りたい旨を申し入れた。あわせて目下、生活が苦しいので、留学の延長のつもりで送金を願いたいと申し入れた。

忠礼は突然、弟から届いた手紙とその内容に驚いた。よもや結婚を誓った女性がいたために、帰国しなかったとは考えてもみなかった。同時にその身勝手な振る舞いに改めて憤りがこみ上げ、すぐに返事を出す気になれなかった。返答する中身について側近らと協議する時間も必要だった。

ようやく気持ちの整理がついて、忠礼が筆を執ったのは手紙が届いてからほぼ半年後の明治十四年（1881）八月末のことである。その内容を現代語訳すると、次のようになる。

「昨年末、お前がニューヨークで書いた手紙は、今年の春に届き、早速読んだ。元気で過ごしているようで何よりと思う。ところで一昨年、小生の帰国の際、突然お前が姿をくらませた件については、日本へ戻ってから、内外に対し、ひどく面目を失い、その不体裁なことといったら、言葉もない。この度、離婚と復籍を希望しているとのことだが、それほど簡単なことではないので、当初はただちに却下しようかとも考えたが、お前もよくよく考えた末の決断であろうから、離婚の件に限り認めることにする。なおこの際、はっきり言っておくが、今後いかなる場合でも、当方から金銭的支援は一切できないので、何事も独立自弁の覚悟でやってもらいたい。お前からの申し出は、事が重大ゆえ、周囲の者たちと、あれこれ相談をしたため、返事が遅くなってしまった」

（『赤松小三郎　松平忠厚――維新変革前後　異才二人の生涯』上田市立博物館編）

実際の手紙は候文で、文中では弟に対して「お前」ではなく、「阿弟《あてい》」と呼び、また雲隠れしたことも「御逃匿の件」と、丁寧な言葉を用いている。しかし松平家の家長として忠礼は忠厚に対し、離婚つまり養家からの離縁は認めると答えたが、本家へ復籍の件については触れなかった。最大の理由は、旧領主の娘を捨て、わが子が早逝したことも知らずに異国に滞在し続け、そのうえ現地女性と結婚するという身勝手な振る舞いが許せなかったからである。ただし金銭援助の求めに対しては今回限りだとして、忠厚が希望した五十円より多めの金額を旧臣から送らせている。

だが、ほどなく忠礼は復籍問題に決着をつける時を迎える。それはかつて弟の治めていた領内で持ち上がった「騒ぎ」が原因である。忠厚がアメリカで、現地女性と結婚したとの情報が旧領地の塩崎村に伝わると、大ブーイングが起こった。地元では兄の忠礼より、弟の忠厚を上田藩主にと願っていた者も少なくなく、慶応三年（１８６７）七月には藩主交代を企む家老らによって忠礼を毒殺しようとする事件まで起きている。企ては事前に発覚し、未遂に終わったが、それほど周囲の輿望《よぼう》を担っていた忠厚に対し、裏切られたという失望感が噴出したのである。

同村の村役人の子孫である清水信一は後年、当時の状況を次のように述べている。

忠厚氏出発の際は既に定まれる妻、即ち家付きの夫人が存在したのである。然るに在米数年、遂に本家の実兄忠礼氏の帰国に伴はず、剰《あま》つさえ米国に於て相愛の人が出来たとあっては、穢《けが》らわしい異人と結婚する抔《など》、以《も》っての外《ほか》だと真赤に成って一家一門がいきり立ったのも無理はない。結局離縁と云ふ事には成ったが、本家なる実兄の方でも入籍を肯《がえん》じない、で有耶無耶の間に忠厚氏は日本国民の籍を喪失して了《しま》った如く思はるゝ。

（『トミーという名の日本人』金井圓）

明治の初め、信州の村では、まだまだ外国人は「穢らわしい異人」と思われていたようである。地元の強い反発を知った忠礼はただちに弟の勘当を決断する。つまり復籍要求を斥《しりぞ》け、縁切りすることで、養家一族や旧領民たちの怒りを鎮めようとしたのである。このあと養家では旧長州藩士を養子に迎えて家名をつないだ。

兄の迷走

弟の問題で手を焼いた忠礼にも、実はアメリカ滞在中、現地の女性との恋物語があったようだ。ある年のクリスマスの日、金欠で何の楽しみもない忠厚の友人某が忠厚に寄越した手紙にこんなことが書かれてあった。その友人は兄の忠礼とも交流があったらしい。まずは原文を紹介する。

嗚呼如何せん、年将《まさ》にここに暮れんとす、更に嚢銭《のうせん》のこの寂莫を慰すなし、今夜は阿兄公と談話の約束にて阿兄の尊居に参りたれ共、只彼《かの》美人の所に招かれ行くと耳《のみ》の書置にて、如何とも仕段なし、因て貴君を思ひ出し、御同様に嘸々《さぞ》御寂莫と推察申候、彼一盃を与にせ〔ん〕とすれ共《とも》、凌雲の翼なし、空しく寒貧を慨《なげ》くのみ、夜陰、拝、〔後略〕

（『トミーという名の日本人』）

貧乏留学生の嘆き節を現代語訳する。

ああ、いったいどうしたらいいんだ。今年もまもなく暮れようとしているが、懐には金もなく、この寂しさを紛らわす術もない。今夜はキミの兄上とお会いする約束をしていたのだが、その家を訪ねてみると、『今夜は美人の女性のもとへ招かれているので失礼』と、書置きがあったので、どうしようもない。そこでキミのことを思い出し、自分と同じようにさぞや寂しい時を送っているのではないかと、想像していたところである。キミと一献、酒でも酌み交わした

いと思えども、キミの所まで飛んで行く手段もなく、ただただ自室で金のない
貧しき境遇を嘆くばかりである。

異郷での寒い冬の夜、周囲の人たちは「メリークリスマス！」と大騒ぎしているのに、会う約束をしていた相手にすっぽかされ、下宿の部屋で、金もなく、飲む酒もなく、一人悶々としている哀れな日本人留学生の姿が目に浮かぶ。ただこの友人は、忠厚にも恋人がいることを知らなかったのであろうか。

それはともかく、この手紙の通りだとすれば、忠礼にはクリスマスの夜をともに過ごす親しい美人？　の女性がいたことになるが、彼女の素性や二人の交際がどの程度のものだったかは不明である。

この時、忠礼にも日本に残してきた妻がいた。十九歳の時に結婚した遠州掛川藩主太田資《すけ》始《もと》の次女宝《たか》で、当時彼女は十五歳であった。二人は忠礼が留学するまでの三年間を共に暮らしたが、子供はいなかった。

「クリスマスの彼女」の影響なのかどうか、忠礼はアメリカ人女性の生き方を見て、女性観がすっかり変わってしまった。まるで人形のように無口で、感情の起伏を表に出さず、夫や

家へひたすら従順な態度をとり続ける妻に幻滅、それとは対照的に自立し、しっかり自己主張するアメリカ人女性こそ理想であると、思うようになったのである。奇しくも弟の忠厚と同じ発想である。

そこで自分より先に帰国する家臣の山口に離婚したい旨を記した手紙を託し、その後も家族や旧臣へも繰り返し同様の意思を伝える手紙を送った。だが先方からは「殿、ご乱心か」とばかり、絶対反対との意見が返ってきた。それどころか現夫人の宝はそのままにして、気に入った女性を側室にすればよいのではと、老臣たちは提案してきた。

忠礼はそれには一切耳を貸さず、反論の手紙を送る。正室だ、側室だというのは、日本の古い習慣であり、アメリカでは絶対に通じない、自分は先進国アメリカで学んでいる者として、そのような話は受け入れられないと突っぱねた。

一方、宝の周囲の者たちは忠礼の意向に沿うべく、彼女を少しでも開明的な女性に生まれ変わらせようと、洋学や算術などを教える学校へ通わせるなど、あれやこれや人間改造を試みるが、効果はなかった。骨身に染み付いたお姫様気質を容易に払拭できず、新たな学問の習得には苦痛を訴えるありさまで、宝は精神的に追い詰められていった。

だからといって彼女を責めるのも酷というものであろう。何せ大名家の姫として、「蝶よ、花よ」となに不自由なく育てられ、外の世界も知らぬまま、今なら中学三年生くらいの時、親の決めた相手のもとへ嫁いできたのである。短い結婚生活のあと、夫はアメリカへ渡り、別居生活を続けていたところ、「配偶にして性質不合なるは到底調和し了《おわ》らず、御双方の終身の為めならざる［後略］」（「上田藩主松平家の妻妾」小宮山千佐）として、いきなり離婚状を送り付けられてきたのだから、彼女の困惑ぶりも想像できよう。困惑というより、夫の言い分そのものが理解できなかったのかもしれない。

その後も是が非でも離婚したい、帰国してから決めればいい、いや、だめだ、早急に各方面の了解をとってほしいといった押し問答が、太平洋をはさんで繰り返される。ただし忠礼本人も日本側が心配していたアメリカ人との結婚については明確に否定していたとされる。

結局、忠礼の変わらぬ決意に親族や家臣らも説得を諦め、離婚に向けた手続きに入り、彼の帰国前の明治十二年（１８７９）六月に宝との離婚が成立した。

ところが驚くべきことに、忠礼は帰国した翌年、周囲の勧めにより、またまた十四歳も年下の大名家の娘と再婚する。旧土佐藩の支藩である土佐新田藩の藩主山内豊福《とよよし》の次女豊子であった。たしか忠礼は以前、書簡の中で、離縁した宝との結婚についてこんなことを言っていたはずである。

「我等はやむを得ない夫婦で、互いに慕い合っているものではない。互いに慕い合っているものでなければ一生苦労をともにすることはできない。日本では、親や家臣の勧める結婚なので、一生仲の悪い夫婦が多い」

（「開明国に学んだ藩主に嫁いだ姫君たち」小宮山千佐）

つまり忠礼は周囲がセットするような結婚には批判的であった。ところがそんな考えはどこへ消え去ってしまったのやら、離縁した前妻と変わらぬ出自の女性を後添いに迎え、さらにその後、谷かねという側室まで抱えるなど、本人が否定していた「旧習」をしっかりと踏襲している。

上田市立博物館には明治末年に撮った継室の豊子と側室のかね、それに松平家の旧藩士たちの集合写真が残っている。これを見るにつけ、いったい忠礼の「から騒ぎ」は一体、何だったのかと思う。苦労知らずのお殿様の一時の気まぐれ、いやアメリカかぶれではなかったのか。忠厚もこうした兄の「迷走」については知るべくもなかった。

その後の兄弟

　忠礼は明治十二年（1879）に帰国したあと、翌年から外務省へ出仕、御用掛や取調局に勤務する。同十七年（1884）の華族令で子爵に叙任、同二十三年（1890）、第一回帝国議会で貴族院議員に選出されるも辞退する。この時すでに病魔に蝕まれていたからか、同二十八年（1895）三月に結核で死去、享年四十四歳であった。封建領主から近代的知識人への転身を目指しながら、旧習の深みから脱出できぬまま終えた生涯であったと、筆者には映る。

　一方、忠厚は鉄道・土木技師として新たな人生を歩み始める。ニューヨークでカリーと世帯を構えた忠厚は明治十三年（1880）一月、マンハッタン高架鉄道会社（のちにメトロポリタン高架鉄道会社に吸収合併）にシビルエンジニア（土木工学技師）として入社する。当時同社はマンハッタン島からイーストリバーを越えてブルックリンへ至る世界最大の吊橋ブルックリン・ブリッジの建設を手掛けており、その壮大なプロジェクトに自分も関わってみたいと思ったからである。忠厚は主要部分の測量を担当するアシスタント・エンジニアとして働くが、たちまちこれまでにない画期的な精密測量器を発明するなど卓越した能力を発揮し、大称賛を浴びる。

橋の完成が近づくと、各社から「次はわが社へ」と声が掛かり、その中からユニオンパシフィック鉄道会社へ移ることにした。八年前、日本から船で西海岸へ着いたあと、広大な大陸を横断し、はるばる東のニューヨークまで自分たちを運んだ鉄道というものに魅せられて以来、いつの日かこの国で習得した技術を生かし、日本中に鉄道網を張り巡らせたいという夢を抱き続けてきた。

この頃アメリカでは中西部の奥地に次々と油田が開発され、石油を運ぶための鉄道線路の敷設が早急に求められていた。忠厚はワイオミング州やアイダホ州など各地で測量技師チームの先頭に立ち、鉄路建設に関わった。

周囲の評価も上々で、新聞各紙は競うように彼と日本を褒めたたえる記事を掲載した。「大名という名門一家に生まれたプリンスはわれわれが抱いていた日本観を完全に覆した」、「日本を見直さなくてはならない」、「日本、恐るべし」など（「ラストプリンス松平忠厚のアメリカ永住」飯沼信子）、その賛辞は枚挙にいとまがなかった。だがこの間、兄に求めた松平家への復籍は拒否され、帰国の夢はあえなく潰《つい》えていた。となれば、アメリカに骨を埋めるほかはない。

しかしこの頃、忠厚の体は当時不治の病とされた結核に蝕まれていた。激務が続き、気づかぬうちに疲労が蓄積されていたことも一因だろう。当時、周囲の称賛の割には必ずしも経済的に恵まれているとは言えなかったが、もう少し楽な仕事を求めて、ペンシルベニア州ブラッドフォード市に移り、都市計画事業のための設計図を引くなどして暮らしを支えた。

だが病状は確実に悪化の一途をたどっていた。忠厚はさらに健康に良い土地に移住しようと決め、妻と二人の男児を伴い、空気の良いコロラド州デンバーへ居を移す。ロッキー山脈の中にあるデンバーには当時、カリーの父親のウィリアムがニューブランズウィックから移り住み、州立感化院の院長の職に就いていた。義父のウィリアムは忠厚に対し、終始好意的で、何かと手を差し伸べてくれた。この地で忠厚は身体を気遣いながら、鉱山監督補佐官などの仕事をこなしていたが、ついに明治二十一年（1888）一月、帰らぬ人となった。三十六歳という若さであった。兄の死より七年前のことで、兄が弟の死をいつの時点で知ったのかは不明である。

忠礼と忠厚はアメリカで別れて以来、絶縁状態となった。兄弟の不和を心配した旧臣の山口は明治十七年（1884）一月、忠厚宛てにこんな手紙を書いている。

「尊公には、断《た》えて阿兄［兄上］へ御通信もこれ無き様子、何卒早く御調和の

「道相立ち候様、あらまほしく祈願に堪えず存じ奉り候」

（『赤松小三郎　松平忠厚』上田市立博物館編）

山口は忠厚に兄との関係修復への努力を促したが、二人が顔を合わせることは生涯なかった。

兄は最後まで弟の行為を許すことはなく、一家の大黒柱を失った弟の親族に対しても、援助の手を差し伸べることはなかったという。殿様兄弟が同じ志を抱いて向かったアメリカ留学、結果的にそれが二人にとって人生の分水嶺となってしまったとは、大いなる皮肉としか言いようがない。短い二人の人生、果たしてどちらが幸せだったのだろう。

兄弟の子供たちについても触れておこう。兄の忠礼には実子がなく、旧三河刈谷藩主土井忠直の二男忠正を養子に迎えている。忠直は忠礼、忠厚の弟で、土井家に養子に入り、藩主になった。つまり忠正は伯父の家を継いだということである。家名維持のためとはいえ、何ともややこしい養子縁組がなされたものである。

一方忠厚の長男太郎は、日系人初のアメリカ軍騎兵隊員となり、二男の欽次郎はメリーランド州エドモンストン市で、アメリカ初の日系人市長を務めた。

上田と忠礼兄弟

平成三十年（２０１８）十月に逝去したノンフィクション作家の飯沼信子は、長井長義、野口英世、高峰譲吉など外国人女性と結婚した著名な日本人の評伝を数多く手掛けたが、松平忠礼、忠厚兄弟についても『黄金のくさび』と題する労作がある。アメリカ在住の彼女はある年、取材のため長野県上田市を訪れたが、その時、出会った市民の印象について興味深い感想を残している。

上田城と言えば真田家をさし、真田家と言えば上田城と言う土地の人達は、仙石氏にも松平氏にもなじみが薄いことが、上田市に入って間もなく強烈に感じられた。

取材で会った人達は、真田家に対しては蘊蓄《うんちく》をかたむけて話しかけてくるが、こと松平家等に対しては「あゝ松平ですか」といささか冷たい。まして明治維新で最後の城主となった松平忠礼と弟の忠厚に関しては、皆無と言って良いほどに無関心であった。［中略］

しかし、私は松平忠厚の足跡を追わずにはいら［れ］ない。たとえ上田の人達が誰一人として忠厚を知らなくとも、最後の上田城主兄弟を追跡する。
（「ラストプリンス松平忠厚のアメリカ永住」）

徳川時代の上田藩は真田家（一代・四十年）、仙石家（三代・八十五年）、松平家（七代・百六十四年）の三家が治めてきた。飯沼によると、上田市民の多くは、とりわけ真田家への愛着が強いようだとしているが、筆者も上田を訪ねてみて、その思いが理解できた。

JR上田駅に降り立つと、駅前で騎馬姿の真田幸村像の出迎えを受け、通りを歩くと、マンホールの鉄製の蓋にまで真田の紋所である六文銭がデザインされていた。商店街の幟や看板にも六文銭、観光土産店では「幸村煎餅」とか「真田三代」（地酒）など真田グッズが数多く売られていた。

町のシンボル上田城へ足を運んだ。同城は二〇一八年の暮れ、匿名の一市民から城の櫓の修復費用に役立てて欲しいと、ポンと十億円の寄付が寄せられたことで話題を集めた。現在残る石垣、土塁、櫓、櫓門などは仙石氏によって再興されたものだが、城内には真田神社、真田井戸、真田石など、真田時代の遺構がいくつも残っている。また城跡の一画にある市立博物館の別館は真田家に関する専属展示館となっていた。これらを見ても、やはり上田で真田家は別格なのだと認めざるを得なかった。

それでも飯沼は、統治年月の長い割には存在感の薄い松平家の中にあって、大名を廃業したあとアメリカへ留学し、数奇な運命をたどった松平忠礼、忠厚兄弟には執筆心を強くそそられるものがあったらしい。おそらくそれはサムライ兄弟が自由の国アメリカへ渡り、旧来の価値観との葛藤を繰り返しながら、自我に目覚めていく過程に興味を抱いたからではないかと、筆者は推測する。

新渡戸稲造とメリー・パターソン・エルキントン

新渡戸稲造という名前を聞いて、どんな分野で活躍した人物なのか、即座に答えられる人はどれほどいようか。人物事典を開くと、教育者、農学者、法学者、思想家、国際連盟事務次長、ベストセラー『武士道』の著者、戦前の日本の代表的知識人、旧五千円札の肖像画など、その肩書や事績は広範囲にわたっており、どれか一つで言い表すことは困難である。たしかに彼の年譜を見ると、ほぼ一年刻みで多彩な履歴が記されている。それらは学んだ学校や大学であり、研究成果の発表であり、著作の出版であり、内外の要職就任であり、あるいは海外渡航歴などで、彼がいかに多くの分野で活躍した逸材であったかを物語っている。

彼を「知の世界」へ駆り立てた原点は、幼い頃、生まれ育った郷里の藩が戊辰戦争で朝敵とされ、降伏という屈辱を味わったことにあり、その無念さを晴らすために発奮したのだった。つまり名著『武士道』で示された不屈のサムライ魂が彼のバックボーンであった。

その彼は長じて留学先のアメリカで、日本人の精神文化を紹介する講演活動を行い、その過程で一人の女性と出会い、恋に落ち、そして結婚する。それは「願わくは、われ太平洋の架け橋とならん」と誓った新渡戸稲造の信念の実践でもあった。

雪辱

稲造は文久二年（1862）、盛岡（南部）藩士新渡戸十次郎の三男として盛岡城下の鷹匠小路《たかしょうこうじ》に生まれた。女四人、男三人の計七人兄弟の末っ子だった。命名の経緯は、祖父の新渡戸傳《つとう》が不毛の火山灰地だった三本木原（当時は盛岡藩領・現青森県東部）を十和田湖から引いた水で開拓し、稲の収穫に成功した直後に生まれたので、稲之助と名付けられ、のちに稲造と改めた。

この年は坂下門外の変、寺田屋騒動、生麦事件などが相次いで起こり、世情は騒然としていたが、それでも京や江戸から遠く離れている盛岡の地は、まだそれほどの緊迫感はなかった。勘定奉行を務めるほど有能な藩吏の父十次郎と、武家の娘で賢婦と呼ばれた母勢喜《せき》のもとで、稲造は厳格に育てられた。

「私が五歳になった時、いささか大袈裟な言葉だが、武士の一員になる儀式が行われた。末息子は初めて袴で盛装させられ、刀が初めて授けられた。[中略] このように、武家に生まれた少年は、五歳を迎える当初にさむらいたることを認めさせられるのである」
(『新渡戸稲造――幼き日の思い出/人生読本』新渡戸稲造著/以下『思い出』)

その五歳の時、父が病気で世を去ったため、子供たちの養育は祖父と母の手に委ねられた。母親は息子たちが家名を卑しめることなく、名を成す人間になってほしいと願い、教育に力を入れ、藩校の作人館に通わせた。稲造は利発な子であったが、わんぱくで、口達者、近所の餓鬼大将だった。

まもなく時代の大波がこの地にも押し寄せる。大政奉還から始まり、奥羽越列藩同盟の一員として戦った戊辰戦争を経て、版籍奉還、廃藩置県と矢継ぎ早に政治、社会改革が行われ、サムライ社会は崩壊、新渡戸家が代々仕えていた藩と南部家も消滅した。

「いわゆる維新戦争[戊辰戦争のこと]は一年ばかり続いた。その間、南の勤皇軍は北軍の佐幕軍を破った。私の家族は佐幕派に属していた。私は、故郷の町が降伏した時のことをよく覚えている。私たちは深い屈辱を覚えた」
（『思い出』）

幼い稲造にとっても朝な夕なに仰ぎ見ていた不来方《こずかた》城が敵の手に落ちたことはショックだった。不来方城とは、盛岡城の別称で、後年、石川啄木が「不来方の　お城の草に　寝ころびて　空に吸はれし　十五の心」と詠んだことでも知られ、その歌碑が岩手山を望む二の丸跡に建っている。

城は藩のシンボルであり、藩士の心の支えであった。同じく戊辰戦争で、会津白虎隊の少年たちが前線から城下の飯森山まで戻り、藩主以下の立てこもる鶴ヶ城を遠望した時、砲煙に包まれているように見えたため、これで藩の命脈も尽きたと思い込み、集団自刃したことはよく知られているが、おそらく稲造も似たような気持ちだったのだろう。

周囲の大人たちが落胆し、はらはらと口惜し涙を流す光景を眺めながら、稲造は子供心にこの時の屈辱をどうにかして晴らしてみせると心に誓った。この頃、東北の田舎町にも東京から洋服、靴、インク、ペンなど目新しい西洋の物品が続々と流れ込み、稲造の好奇心に火をつけた。東京には新しい風が吹いている、その風の中で、学問をしてみたい、戊辰戦争の雪辱を果たすためには学問によって名を上げる以外にないと、稲造は考え、母親の勢喜にも折に触れ、東京行きを訴えた。
折しもそんな時、東京に暮らす亡父の末弟、つまり叔父である太田時敏《ときとし》から祖父のもとへ手紙が届き、「時勢は変わったし、いつまでも田舎に子供をおいてはとても出世は出来ない。いっそ東京へ出してはどうか」(『新渡戸稲造傳』石井満著)と記されていた。

時敏は父のいない甥っ子の将来を案じたことに加え、夫を亡くし、子供を抱えながら新時代を生きていかなくてはならない兄嫁の苦労を少しでも軽減してあげたいとも思ったのだろう。上京を促す時敏の申し出は新渡戸家にとって、渡りに舟だった。

時敏が新渡戸姓でなく、太田姓を名乗ったのは、子供のいない同家へ養子に入ったからである。維新後、時敏は東京の京橋竹川町(現中央区銀座七丁目)で「時敏堂」という洋品屋を営んでいたが、元は盛岡藩士で、戊辰戦争の際には多くの戦功を挙げた。

同戦争の終結後の明治二年(1869)六月、藩の首席家老を務めた楢山佐渡《ならやまさど》は朝敵となった責任を一身に負わされ、新政府の軍務官より刎首《ふんしゅ》(斬首のこと)を命じられる。その際、腕のたつ時敏は執行人に指名されたが、親友の首を刎《は》ねるのは忍びないと、これを拒否して郷里を出奔、東京へ向かった。時敏に代わって佐渡の首を刎ねたのは江釣子《えづりこ》源吉という戸田一心流の皆伝者だった。死に臨んで、佐渡は一切言い訳をせず、すべて自分の責任であるとして、辞世の歌を残した。

「花は咲く　柳は萌ゆる　春の夜に　うつらぬものは　武士《もののふ》の道」

（『柳は萌ゆる』平谷美樹著）

稲造少年がこの歌を知って、どのように思ったのかは不明だが、佐渡の「潔さ」が、のちの名著『武士道』の下敷きになったことは疑いない。

上京から留学まで

祖父と母は時敏の申し出を受け入れ、稲造とすぐ上の兄の道郎を東京へ送り出すことにした。祖父は時敏への手紙の中で、とりわけ稲造について十分注意して見守ってくれるよう依頼した。それは稲造のことを「正しい方向に導けば、国の誉れになろうが、もし指導を誤れば、最低の悪党になる」（『思い出』）と、見ていたからである。また母の勢喜は稲造に学問が成就するまで帰って来てはならぬと、きつく言って聞かせた。

こうして明治四年（1871）夏、まもなく十歳を迎えようとする稲造は盛岡の町を離れた。鉄道が盛岡まで通じるはるか以前のことだから、東京までの移動は時間を要した。

「明治四年、盛岡から東京へきたときは、かごに乗って十一日かかった。その後、明治十三年に同じところを旅行したときは、人力車があって、七日かかった。その後は馬車があったらしいが、これにはついに乗らずにしまった」

（『思い出』）

ちなみに盛岡まで鉄道が通じたのは明治二十三年（1890）で、当時、東京までの所要時間は十二時間、そして時を経て現在、新幹線の最短の列車は二時間十分で結んでいる。

稲造は上京すると、子供のいない太田家に養子として迎えられ、太田稲造と名乗ることになった。新渡戸姓に復帰するのは、長兄と次兄が死去したあとの明治二十二年（1889）のことである。

稲造らを受け入れてまもなく、時敏の商売は傾き、京橋の店も、芝にあった屋敷も人手に渡り、わずか二間の裏長屋に住むようになった。時敏の「武士の商法」の結果であるが、本人は落ち込むこともなく恬淡とし、稲造らにこれまで通り、学問を奨励した。

「勉強をどんどん続けろ。東北の人間が馬鹿者ばかりでないことを世に示せ。学問は冒険で、山あり谷ありだ。もし失敗したら御者になれ。鞭を手に馬車を走らせ、あの高慢な南の奴隷に道をゆずらせるのだ」（『思い出』）

「南の奴隷」とは、戊辰戦争における薩長など南の勤皇軍（官軍）を指していることは言うまでもない。時敏はとことん彼らを嫌悪していたようである。父を早く亡くした稲造にとって時敏は文字通り、親代わりであり、同時に人生の師でもあった。後年、『武士道』を出版した際、時敏への献辞として「過去を敬い、武士の徳行を慕ふることを私に教えたる我が愛する叔父太田時敏に、この小著をささぐ」と記し、晩年には彼を「無名の偉人」と称えた。

上京した稲造が最初に通ったのは、旧藩主の南部利恭《としゆき》が廃藩後、東京・京橋区木挽《こびき》町（現中央区南部）に創立した共慣義塾という英学塾である。同塾は利恭が盛岡藩に向けられた「朝敵」や「賊軍」との汚名を晴らすため、旧藩士の子弟を教育し、将来を託そうとしたもので、稲造にとってはまさに望み通りの学び舎であった。だがあまりに授業が退屈なため、稲造はしばしばさぼって塾の外をふらつくようになった。このことは養父の知るところとなり、激しく叱責され、より厳格な教育環境の学校への転校を命じられた。

明治八年（１８７５）九月、神田一ツ橋にある官立の東京英語学校（のちの東京大学予備門）に移り、英語や英文学を学ぶことにした。彼は当初、法律を修めてから、いずれ政界に飛び込み、薩長出身者の藩閥政治と対決してやろうと考えていた。ところが東京英語学校に入学してまもない頃、文部省の視学官を務める西村貞《てい》（旧足利藩士）という人物が来校し、講演を行った。これを聴いて稲造は大いに心を揺さぶられる。

その講演内容とは、日本が欧米諸国と肩を並べるような近代国家になるには、有為な青年たちが先進の科学技術を学び、その知識を生かすように努めねばならない。いたずらに天下国家を論じ、悲憤慷慨しているだけでは国運の隆盛にいささかも寄与できないというもので、科学知識を習得することが急務であると強調した（『新渡戸稲造傳』）。

西村は学生の中に戊辰戦争で敗れた藩の出身者もおり、屈折した思いを抱いているだろうと推察し、現下の政治や社会に対する批判や不満ばかりを言うのではなく、知を磨いて国家の発展に尽くすよう求めたのである。この話にいたく感激した稲造はその夜、なかなか寝付けず、寄宿舎で同室の友人と将来の進路について語り明かした。そして友人ともども法律ではなく、科学の分野を目指そうと考えを改めた。

回顧すれば、余が始めて農学に志したるは実に明治九年にて、十四歳の春なり。当時東京に遊学し、大学予備門にありしも、尚ほ未た専門学の何物たるを弁知する能はざる一青衿［学生の意］なりき。
（『農業本論』新渡戸稲造）

もう一つ、稲造に進路変更を決定づける出来事があった。明治九年（1876）六月、明治天皇は東北地方の巡幸に出て、祖父新渡戸傳の開拓した旧盛岡藩領三本木原に立ち寄った。現地では祖父の遺志を継いだ長兄の七郎が引き続き稲作のための開墾事業に取り組んでいたが、兄の暮らす家がたまたま天皇の行在所に指定された。

天皇は七郎に対し、祖父から続く荒地開拓の難業を称賛し、子孫は引き続き農業の発展に尽力するよう、激励した。兄からの手紙でこのことを知った稲造は、もはや自分たちは朝敵と思われていないと感激し、天皇の言葉に従い、長兄、次兄らと共に農業の道を志そうと決めた。

そこで明治十年（1877）七月、稲造は東京英語学校から大学予備門と名前を変えた同校を退校し、前年開校した開拓使附属札幌農学校に二期生として入学する。この時、稲造らとともに大学予備門から入学したのは十二名おり、その中の一人に内村鑑三もいた。札幌農学校と言えば、「少年よ　大志を抱け」という言葉を残した植物学者ウィリアム・スミス・クラーク博士を思い浮かべるが、開校に合わせてアメリカから招聘された同博士は、わずか九カ月在校しただけで、稲造らが入学する二カ月前に日本を離れていた。しかし稲造はクラーク博士のもとでキリスト教に入信した一期生たちから勧められ、入学後まもなく洗礼を受けている。この時与えられたクリスチャンネームは「パウロ」であった。

稲造は同十四年（1881）に同校を卒業すると、翌春、上京して農商務省の御用掛に就くも、札幌農学校兼務を命ぜられ、母校で教鞭をとることになる。だがそれも束の間、明治十六年（1883）五月に再び上京し、九月に東京大学へ入学した。農政学という学問を学びたかったが、当時の日本にはまだその分野の研究者がいなかった。このためそれに代わる学問として経済学、統計学、政治学を選び、さらに英文学も学ぶことにした。「英文やって何しますす」と、尋ねる教授に対し、「太平洋の橋になり度《たい》と思ひます」と答えた（『帰雁の蘆』新渡戸稲造）。

ところがわずか十カ月で東大を中退する。理由は最高学府という割に学問を深く理解している教授が少なく、社会学の主任教授ですら、四年前に出版され、欧米で大ベストセラーになっていたアメリカの経済学者ヘンリー・ジョージの『進歩と貧困』を読んでいないことを知り、愕然としたからである。それどころか、その教授は同書を読んでいた教え子の稲造に対し、本の大意を日本語に訳して学術雑誌に発表したらどうかと勧めるありさまだった。また学生たちの語学力も外人教師に鍛えられていた札幌農学校生よりはるかに劣っており、そんな大学に嫌気がさした。ちなみに稲造に学問的失望感を与えたという教授とは、のちに東京帝大総長を務める外山正一だったといわれている。

この頃、農学校時代に尊敬していた同郷出身で五歳年上の佐藤昌介がアメリカ留学を果たし、同じく農学校で机を並べていた宮部金吾も近く同国へ留学するとの話を耳にする。このままでは取り残されてしまうと、焦燥感に駆られた稲造は、自分もアメリカへ留学しようと決意する。決めた以上、一日も早くと思ったが、官費留学生になるためには、資格審査や事務手続きなどあれこれ時間を要するので、私費留学の道を選んだ。さりとて手元に金はない。

弱り切った稲造が頼れる先は養父の太田時敏しかいない。稲造が事情を打ち明けると、留学の志を褒め、激励するとともに、大事に保管していた公債証書（一千円）を差し出した。

公債証書とは明治六年（1873）、新政府が旧幕時代の家禄を廃止し、士族に旧家禄に比例して交付した公債である。太田家では、いつかこのような時が来るかもしれないとして、手を着けなかった虎の子とも言うべき財産であった。稲造は涙を流して養父に謝意を述べ、学業成就を誓った。また留学の報告に郷里の長兄のもとを訪ねると、兄もまた稲造の決意に賛成し、ポンと三百円を与えてくれた。

アメリカ生活と恋

大学中退から一カ月後の明治十七年（1884）九月一日、二十二歳の稲造は横浜からアメリカへ向けて旅立った。同月十五日、サンフランシスコ到着、列車で広大な大陸を横断し、ペンシルベニア州ミードビル市に到着、ただちに当地のアレゲニー大学に入学した。これは札幌農学校時代に洗礼を受けた牧師の夫人が同大の出身で、その縁によるものである。

ところがまもなく稲造が渡米したことを知った先輩の佐藤から手紙が届き、どうせ学ぶのなら、もっとレベルの高い一流大学を選ぶべきとの忠告があった。そこで留学生活では一日の長のある佐藤の助言を受け入れ、彼の通うボルティモアのジョンズ・ホプキンス大学へ移ることにした。

のちに北海道帝国大学の初代総長を務める佐藤は稲造と同じく旧盛岡藩士の家に生まれ、維新後は東京英語学校から札幌農学校へ進んだあと、アメリカへ自費留学した。稲造はまさに彼を追うように同じコースを歩んだことになる。それは学識、人格ともに優れた佐藤を、人生の目標とするにふさわしい人物と見込んだからである。

ボルティモアでは、生活費を切り詰めるため、佐藤の下宿に身を寄せ、指導教授の雑務の手伝いなどをしながら学資の不足を補ったが、それでも生活は苦しく、食事は水とパンで済ますという日もあった。幸い勉学の方は、日本で十分な英語力を身につけていたため、授業にも難なくついていくことができ、三年間、歴史学、政治学、農政学、農業経済、ドイツ語などを幅広く学んだ。

アメリカ留学中の
新渡戸稲造
新渡戸記念館提供

この間、稲造は伝統的なキリスト教信仰のあり方について懐疑的になり、儀式や形式にとらわれないクエーカー教（フレンド派）の考えに共感を抱き始める。やがて同派の集会へ足繁く通い、正式な会員になると、流暢な英語を話す日本人信徒に注目が集まり、各方面から講演の依頼が相次いで寄せられるようになった。

それには幾ばくかの謝礼を伴うものもあったので、学資の足しにもなり、同時に求められた演題の多くが日本事情の紹介ということで、アメリカ人に日本を理解してもらうには良い機会と思い、できるだけ引き受けることにした。

講演ではまず、当時の日本が直面する条約改正という国家的課題に理解を求めるところから入り、そのあと日本人の精神文化を取り上げた。アメリカ人の道徳観を支えているのがキリスト教的モラルであるとすれば、日本人のそれは武士道であると指摘し、武士道の道徳観は日本固有のものであるが、キリスト教の思想にも相通じるものがあると強調した。

大学生活も終盤に入った明治十九年（１８８６）十二月、クエーカー教の町ともいわれるフィラデルフィアで講演する機会があり、終了後、この地で有名な親日家として知られ、日本人留学生たちの世話を献身的に行ったことから、慈母とも仰がれていたメリー・モリス夫人宅に招かれる。彼女は当地の富豪の夫人で、この日、稲造を慰労するつもりだったのだろう。

すると夫人はいきなり、稲造に会いたがっている人がいると、別室から若い女性を招き入れ、引き合わせた。のちに伴侶となるメリー・パターソン・エルキントンである。彼女はこの日、稲造の講演を聴いて日本や日本人について大いなる興味を抱き、モリス夫人に講演会

若き日のメリー・パターソン・エルキントン
新渡戸記念館提供

が終了したら、是非とも新渡戸との面談の場を設けてほしいと、頼み込んでいたのである。

メリーは稲造にさまざまな質問をぶつけ、自分の考えをはっきりと述べた。これまで出会ったこともない聡明な女性に、稲造は驚き、好感を抱いた。この時メリーは稲造より五歳年上の二十九歳、当地の旧家の娘で、一族は熱心なクエーカー教徒であった。二人は初対面にもかかわらず、時の経つのも忘れ、話し込み、そして親しくなった。

フィラデルフィアの地元紙『フィラデルフィア・インクワイアラー』は、のちに二人の出会いを次のように報じている。


二人が最初にあったのは〔中略〕町のある所で、文学愛好者の集まりにミス・エルキントンも近所の人について行って、講演者のその日本人に会ったことから始まる。

才色兼備の彼女は、知性にめぐまれていたから、日本人が壇上に現れるやすぐ一目で青年の頭脳のすぐれていることに打たれた。彼女はその時三十歳、学問好きで研究ハダであったから、両方ひかれて行ったのであろう。メリー・エルキントンの賞賛の態度はやがて深い愛情にかわって行った。

（『日米のかけ橋　新渡戸稲造物語』堀内正己）

メリー自身も晩年、稲造の持つ知性への尊敬の念が愛の出発点であったと、告白している。

「私共が知り合いました当初から、私は新渡戸の並はずれた知的、精神的資質に気付かずにおられませんでした。そして彼の資質への私の驚嘆と尊敬が常に増大しておりましたことを、はばかることなく申します」

（『思い出』）

メリーと出会ってから三カ月が経った明治二十年（1887）三月、ボルティモアで稲造を物心にわたり支えてくれ、ひと足先に帰国していた佐藤から一通の手紙が届いた。彼は当時、母校の札幌農学校で校長代理の地位にあった。その手紙には、稲造を札幌農学校の助教授に任じ、三年間、ドイツへ官費留学を命じるという思いもよらぬ吉報が記されていた。佐藤の尽力によるものであることは明らかだった。これでやっと苦学から解放され、思う存分、学問に専念できると、稲造は天にも昇る気持ちだった。

と同時に、メリーと長期間離れる淋しさが稲造の心を曇らせた。

太平洋の架け橋

明治二十年（1887）五月末、稲造は未練を残しながら、ニューヨークの波止場からヨーロッパ行きの船に乗った。

「君には、ニューヨークの埠頭で淋しくヨーロッパに旅立った僕の心持がわかるか、外《ほか》の人達は親戚、友人とキッスをしたり握手したりして哀別離苦の情をあからさまに現はしてゐるのに、僕だけはホンの一人ぼっちで其うした光景を見せつけられてゐるにすぎないのだ。僕にはキッスすべき友もなく握手すべき友もないのだ。実に淋しい思ひをしてニューヨークを立った。

しかるにいまこのボンの下宿で思ひがけなくも君からと、もう一通はフイラデルフイヤの親愛なる友人からの手紙を受取った。僕のよろこびを君は想像することが出来るかね、［後略］」

（『新渡戸稲造傳』）

これはドイツのボンに到着して間もない頃、アメリカで学ぶ大親友の宮部へ送った手紙である。フィラデルフィアの親愛なる友人とは、メリーであることは言うまでもない。当時の稲造の顔写真を見ると、まさに謹厳実直、クソ真面目そのものである。だがその心には恋の炎が燃えさかっていたのである。

稲造がメリーとの結婚を決意したのはボン大学在学中のことである。当時同じくドイツで学んでいた友人の佐伯理一郎は、稲造からこんなエピソードを聞いている。

それはある日の夕方、稲造がボン市内の公園を散歩している時のことだった。前方からなんとメリーが歩いて来た。なぜ彼女がここにいるのかと不思議に思いながら、近づいてみると、女性は全くの別人で、尼さんだった。自分はどうかしていると思いながら、下宿に戻ってみると、メリーからの手紙が届いていた。「これは神の啓示だ」と思いながら、封を開いてみると、そこには何と、プロポーズの言葉が記されていた。それまで二人は頻繁な手紙の交換によってお互いに理解を深め、「結婚」ということも視野に入り始めていたが、この日、彼女の方からはっきりと、その意思が告げられたのである。稲造は躊躇することなく、すぐさま応諾の返事を書いたという(「新渡戸博士追憶集」)。

稲造のドイツ留学はボン大学で一年、ベルリン大学で半年、ハレ大学で一年三カ月のあわせて約三年に及んだ。これらの大学では農政学、農業史、農業経済学などもっぱら農業関連の諸学問を研究し、ハレ大学ではそれらの仕上げとして『日本の土地所有、分配ならびに農業利用』と題する論文を書き上げ、日本の文学士や経済士に相当する学位を得た。

明治二十三年（1890）七月、留学目的を達した稲造はドイツを離れ、帰国することになったが、メリーとの結婚のためアメリカに立ち寄った。

稲造はメリーとの結婚を決意すると、養父の太田時敏にその旨を手紙で伝えた。しばらくして送られてきたのは、賛同しかねるという長文の返事だった。手紙には日本人が外国人女性と結婚して失敗した事例が列挙され、わずかに成功したのは青木と三宮の二人だけだったとし、日本民族は異人種と結婚すべきでない、先を急いではならぬと、縷々《るる》綴られていた。

ここで名前の出た青木とは、先にドイツの章で取り上げた青木周蔵のことであるが、三宮とは、正式名を三宮義胤《さんのみやよしたね》と言い、近江国（現滋賀県）の僧侶の息子として生まれ、倒幕運動に奔走した元勤王の志士である。彼は明治三年（1870）、東伏見宮嘉彰親王（のちの小松宮）のイギリス留学に随行し、同七年（1874）、ロンドンでアレーシア・レイノアなる女性と結婚している。

ともあれ時敏は稲造の海外留学については大いに賛成したが、現地で結婚相手を見つけるようになるとは思いもしなかった。しかも相手は異国の女性とあって、時敏ばかりでなく、稲造の姉たちからも異論や懸念の声が上がった。明治に世変わりして二十年余り、日本ではまだ欧米人を「毛唐」などと蔑む者も多く、彼らとの結婚は周囲から好奇の眼で見られていた。外国人との接触機会の少ない東北の地では、なおさらそうであったろう。時敏は武家の流れをくむ新渡戸家に異人の血が入り込むのは、何としても避けなくてはと思ったのである。

だが二人の結婚について、異を強く唱えたのは新渡戸側より、むしろメリー側の方だった。両親、兄弟、親戚だけでなく、地元のクエーカー教徒の間からも一斉に反対の声が上がり、メリーは孤立した。最大の理由は白人の上流階級の娘が黄色人種に嫁ぐのは許せないというものであった。稲造の国際結婚について特集した『向学新聞』(2002年6月号・国際留学生協会発行)に、こんな記述がある。

結婚の話が持ち上がって以来、新渡戸に対するアメリカ人の人種的偏見と敵意は想像を絶するものであった。「黄色人種は血が濁っている。白人の娘を妻にしようとするなんて、とんでもない思い上がりだ。あの男を許すな」。それまで彼を暖かく迎え入れてくれた人々が手のひらを返したように、差別と偏見と敵意を彼に向けた。

メリーの弟ウィリアムは、姉に結婚話が持ち上がると、両親の命でドイツへ渡り、稲造の周辺の日本人に接触して新渡戸の家系、家庭環境、本人の資質や性格などを調べ回っている。その結果、稲造の優秀さは確認できたが、それでもなお有色人種の日本人に姉を嫁がせるのは反対であると、両親に報告している。アメリカでは今でも黄色人種に対する差別が少なからず残っていると聞くが、一世紀以上も前なら、より激しかったであろうことは想像に難くない。

稲造も共通の宗教的価値観を有する者同士の結婚であれば、問題はあるまいと信じて疑わなかっただけに、人種に対する偏見が障害になるとは大きな誤算であり、ショックだった。彼は苦悩した。どんなに分かり合えたつもりでも、日本人とアメリカ人との間にはまだまだ埋め難い溝が存在することを改めて思い知らされた。ならば自分が率先して、その溝を埋めようと考えた。当人同士が強固な絆で結ばれている以上、この結婚は「太平洋の架け橋になる」というかねてからの信念の実践にもなるとして、日本の養父ならびにメリーの親族、関係者らへの説得に力を入れた。

こうした本人たちの努力に加え、当初から二人の結婚に理解を示していたモリス夫人らの後押しで、状況は次第に好転し、周囲のほとんどの人たちが承諾してくれたが、メリーの両親だけは稲造の自宅への訪問を拒否するなど、頑なな態度をとり続けた。そこには人種偏見もあっただろうが、それ以上に娘がはるか遠い見知らぬ国へ行ってしまうことへの淋しさだったのかもしれない。

一方、稲造は日本の友人たちにも養父への説得を依頼した。その一人である広井勇が時敏のもとを訪ね、結婚承諾を取り付けようとしたところ、意外にも「当世は外国の婦人と結婚もよいだらう。稲造よくやつた」(『新渡戸稲造傳』)という答えが返ってきて、一安心したという。

双方の親族らへの説得のため、稲造はアメリカで数カ月もの滞在を余儀なくされたが、ようやく決着し、二人は明治二十四年(1891)一月一日、フィラデルフィアのアーチ・ストリート・フレンズ・ミーティング・ハウスにて結婚式を挙げた。この時、式に立ち会った日本人はたった一人、当地のブリンマー大学で学ぶ土倉《どくら》政子という二十歳の女子留学生だった。政子は同志社女学校の海外留学生第一号として、明治二十三年(1890)、アメリカへ渡り、モリス夫妻らの支援により七年間学んで帰国、のちに外務大臣を務める内田康哉《こうさい》に見初められ、結婚した。

メリーの両親は意地を張って結婚式にこそ出席しなかったが、新婚夫婦が日本へ向かう直前になって急遽、翻意し、二人を自宅に招き、祝福したという。

堅い絆

結婚式の翌月九日、稲造はメリーを伴い、七年ぶりに帰国した。横浜の波止場では、時敏や二人の姉のほか親戚たちが温かく出迎えた。稲造は既に札幌農学校の教授として赴任することが決まっており、出発までの間、新妻のメリーを東京のあちこちへ案内した。また時敏は彼女を呉服店に連れ出し、絹の着物を一重ねと帯、新渡戸家の家紋の付いた羽織などをプレゼントした。メリーは、名前を日本風に万里子と変え、夫の生まれ育った国で生きようと決意を新たにした。

三月初め、札幌に到着し、以後四十年余に及ぶ夫婦の生活が始まった。内地ではなく、新開地の札幌で生活を始めたことはアメリカ人の万里子にとって幸運だった。気候、自然、食べ物、しがらみのない人間関係、どれも好ましいものであったからだ。

万里子が稲造へ尊敬の念を抱いたのが二人のなれそめであったことは先に述べたが、その献身的な態度は終生変わらず、信仰と信念を共有しながら睦まじく暮らした。彼女は正座ができ、和服も自分で着るなど、日本人女性になりきっていたという。

昭和八年（1933）に稲造が没したあと、万里子は友人でイギリス人の教師兼牧師を夫に持つ社会運動家ガントレット恒子にこう語った。

「日本の人は、不思議なことを私に訊ねますよ。いつまで日本にゐますかとか、何時お帰りになりますかとか、煩《うる》さく質問するのです。あの人達は、私が新渡戸の家内であることを忘れたのでせうか？　私は良人《おっと》の国の土になるつもりですのに……」

（『新渡戸稲造傳』）

稲造は当時の日本人としては群を抜く英語力を持っていたが、それでも英文で研究論文や著作を執筆する際、微妙な表現や言い回しについては万里子に助言を求めたという。明治三十三年（1900）に出版された英文の名著『武士道』（Bushido）もまた、彼女の「内助の功」なしには完成しなかったと言ってよい。同書の副題は「The Soul of JAPAN」（日本の魂）とあり、日露戦争の調停役を務めたアメリカ大統領セオドア・ルーズベルトも熟読して感銘を受け、日本人への理解を深めたという。

盛岡市内にある「盛岡市先人記念館」を訪ねた。ここでは明治以降、各界で活躍した同市にゆかりのある百三十人の事績を紹介しており、稲造に関しては米内《よない》光政、金田一京助の両人とともに別格扱いで、館内一階に独立した記念室が設けられている。体育館のような広い新渡戸記念室の中央には、国際人の稲造を象徴するように世界地図を模した大きなモニュメントが置かれていた。数多くの展示物の中に、稲造とメリーの写真が幾葉もあった。そのうち夫妻のツーショット写真は稲造が功成り名を遂げてからのものと思われ、ほっそりした稲造は大礼服姿、これに対し、ドレスに身を包んだメリーはでっぷりとして貫禄十分である。二人はともに賢そうな表情を浮かべ、「知の巨人」とその伴走者にふさわしい雰囲気を漂わせている。

武士道とキリスト教という一見、不調和に思えるものをみごとに融合させ、人生のバックボーンとした新渡戸稲造、そうした夫の考えに共感し、支え続けた妻のメリー、明治の中頃にこれほど理知的な判断のもとに結ばれた日本人男性とアメリカ人女性のカップルがいたことに驚きを禁じ得ない。

朝河貫一とミリアム・キャメロン・ディングウォール

サムライと呼ばれた留学生

高村光太郎の『智恵子抄』にも詠われた名峰安達太良山《あだたらやま》を望む福島県二本松市金色《かないろ》の高台の墓地に、朝河貫一と、その妻美里安《ミリアム》が眠っている。筆者は三年前の夏、当地で営まれた親戚の法事の際に同墓地を訪れたが、帰りがけに、墓域の一角で朝河の墓と、その傍らに立つ彼の生い立ちを記した案内板をたまたま見つけた。それによって彼がこの地に生まれた国際的に著名な歴史学者であることを初めて知った。

このあと立ち寄った従弟宅で、あれほどの人物がこの町の出身者であることを知らなかったと話すと、彼らは何を今さらと言わんばかりに、朝河は二本松市民なら知らぬ者がいないほどの有名人で、郷土の誇りなのだと胸を張った。

帰京後に改めて朝河の生涯を調べてみると、彼は若き日にアメリカへ渡って以来、歴史学研究に打ち込み、日本の法制史や日欧の封建制度の比較研究の分野で顕著な実績を挙げたこと、日本人として初めて名門イェール大学の教授に就任したこと、イェール大学とアメリカ議会図書館の依頼を受けて日本関係の図書収集にあたり、その数は約七万冊にものぼること、さらに学問の専門分野にとどまらず、日米開戦の回避のため、時の大統領フランクリン・ルーズベルトに天皇へ親書を送ってほしいと働きかけるなど、平和の提唱者としても尽力した人物であることを知った。

実はわが両親も筆者も、貫一と同じ二本松の出身である。もっとも筆者の場合は生後二歳の時に東京へ移ったから、この町の記憶はほとんどない。その私が子供の頃、母から子守唄がわりに聞かされたのは野口英世という郷土の偉人の話である。文字が読めるようになった筆者に母が最初に買い与えてくれた本も英世の伝記であったし、学校の夏休みには猪苗代湖畔にある英世の生家見学に連れて行かれた。だから筆者にとって福島県出身の偉人といえば、野口英世以上の人物はいないと、ずっと思い

朝河貫一
福島県立図書館所蔵

込んできた。

たしかに野口は、黄熱病や梅毒の研究で三度もノーベル賞候補になるほど医学者、細菌学者として世界的評価を受け、後年は千円紙幣の肖像にもなった人物である。それに比べると、貫一の知名度はやはり低いと言わざるを得ず、おそらく亡母も彼のことを知らなかったのではあるまいか。

かたや貧農の家に生まれ、幼い頃、左手に負った火傷という肉体的ハンディをものともせずに医学の道を志した英世、一方の貫一は新渡戸稲造と同じく、戊辰戦争で敗れた藩のサムライの家に生まれ、屈辱を晴らすため学問で見返してやろうと発奮した。二人の生まれ育った境遇や目指した分野は異なるが、ともに海外に飛躍の場を求め、留学先もヨーロッパではなく、新興国アメリカを選んだ。そこで研鑽を積む一方、現地女性と恋に落ち、妻に迎えたことが奇しくも共通している。年齢は貫一が三歳年長で、二人は大正十年(1921)六月、イェール大学で初めて対面している。

ここでは朝河貫一を取り上げる。平成三十年(2018)は貫一の没後七十年にあたり、各地でさまざまな記念行事が催された。福島市の県立図書館でも六月から九月までの三カ月にわたり、「海を渡ったサムライ　朝河貫一没後70年記念展」が開催され、県内外から訪れた多くの人たちが福島の生んだ偉大な国際人を偲んだ。貫一自身はポスト・サムライ世代だが、アメリカへ渡り、最初に学んだ大学で、彼は同級生たちから「サムライ」と呼ばれたという。彼の風貌や所作からにじみ出る古武士然とした雰囲気がそう思わせたのだろう。

戊辰の屈辱

貫一は明治六年（1873）、福島県安達郡二本松町（現二本松市）の旧城下に生まれた。旧二本松藩士の父正澄《まさずみ》は戊辰戦争を最前線で戦い、辛くも生き残った一人である。『二本松藩史』（二本松藩史刊行会編）によると、新政府軍の東北攻撃が迫る中、家老の丹羽一学は恭順か、抗戦かを決める軍議で、「死を賭して信義を守るは武士の本懐である」と、徹底抗戦を主張し、同藩は東北・越後地方の佐幕派諸藩で結成された奥羽越列藩同盟の一員として戦うことに決した。

戊辰戦争では、とかく会津や箱館での戦闘の激しさばかりが強調されるが、二本松の戦いも決してそれらに劣るものではなく、壮絶を極めた。『二本松藩史』には、城下になだれ込んでくる薩長土佐を主体とする新政府軍と、これを迎え撃つ二本松藩兵との攻防が次のように記されている。

「七月二十九日、西軍勝《かち》に乗じ、三春藩を嚮導《きょうどう》となし、小濱［城下の東南］より進み［中略］、東軍［二本松軍］、主力を大壇［城下の入り口］に置き、街口を扼《やく》［要所を固める］し、山に沿うて柵を連ね、叢林《そうりん》［藪や林の意］に拠りて兵を伏し、熾《さか》んに西軍を猛射し、砲煙雲の如く、弾丸雨の如し、先鋒の薩軍斃《たお》るゝもの少なからず」

「三春藩を嚮導となし」とは、列藩同盟を裏切り、新政府側に寝返った隣の三春藩が二本松攻撃に際して、周辺の地理に明るいこともあり、官軍兵の先導役を務めたことを意味する。『二本松藩史』は三春藩のとった行為について非難を込め、「破盟」(同盟破り)と記している。「馬鹿だ　馬鹿だよ　二本松は馬鹿だ　三春狐に騙された」と、戯れ歌に詠まれたほど、二本松の人たちの間には、三春に対する悪感情がのちのちまで残った。

戦況は三春兵の思いもよらぬ行動により、防衛線があっさり破られ、二本松城下は大混乱に陥った。結果、最新鋭の火器と兵員数で勝る官軍の前に名城霞ヶ城は落ち、三百人とも四百人とも言われる戦死者を出した。だが城外に出て戦闘中の若年、壮年の藩士たちに代わって老兵、農兵、少年兵らの非正規兵が奮戦し、官軍を指揮した土佐藩の板垣退助をして「全藩挙げて命を惜しまず戦った二本松藩こそ武士の鑑である」(『板垣退助君伝』栗原亮一)と言わしめた（現代語訳は筆者）。会津の白虎隊同様、多くの若い命が散った二本松少年隊の悲劇もこの時、生まれた。

貫一の死の翌年に出版された雑誌『婦女界』（昭和二十四年三月号）は、「輝やける学聖・朝河貫一博士の生涯」と題する特集記事を掲載したが、その中で戊辰戦争後の朝河一家の苦しい生活ぶりが次のように描かれている。

油煙の多い、暗いランプの灯りのなかに、内職の唐傘を貼りながら、正澄夫婦は、六人の子供たちの寝顔へ向けて、夜ごと、悲しい吐息を吐いた。……「どうしたもんかのう。寺子屋稼業や内職では、とても子供たちを育ててゆけぬし……と言つて東京へ出ても、憎まれ藩の貧乏士族じや、相手にしてくれる役所もなし……。」

安達太良山から吹きおろす木枯が、いろりの中まで灰かぐらを立てた。長女、次女、そして三番目が長男の貫一——生まれつき、見るからに虚弱《ひよわ》で、母の歌子に、始終、心痛をかけがちな子供であつた。ひよろ〳〵とやせ細つた足と大きな頭—オシ［原文ママ］ではあるまいかと両親が心配したほど言葉がおそく、片言をしやべれるようになつてからも、極端に無口であつた。

貫一が生まれた翌年の夏、教員資格を取得した正澄は二本松の北東に位置する伊達郡立子《たつご》山《やま》村（現福島市）の小学校に校長含みの教員として採用される。ようやく父親が定職に就き、一家の暮らし向きが落ち着いたのも束の間、貫一が二歳を迎えて間もなく、病弱だった母親ウタが肺炎で世を去る。幼い子供を抱えながら教師として多忙な職務をこなさなくてはならない正澄は、その年に後添えのエヒを迎える。

慌ただしい日々の中でも、正澄は幼い貫一に四書五経や日本外史などを叩き込み、あるいは戊辰戦争で一族から三人もの戦死者が出たことや十二、三歳の子供までが志願して出陣した二本松少年隊の話を繰り返し語り聞かせるなどして、士族としての気概や教養を植え付けた。

神童

生まれてしばらくは軟弱な子供だった貫一も、父が校長を務める小学校に入ってからは負けず嫌いな少年に転じ、学業成績もめざましく、毎学年末には総代として表彰を受けた。周囲の人たちは誰もが彼の神童ぶりを褒め称え、「朝河天神」などと呼んだ。

小学校、高等小学校を経て明治二十年（１８８７）、現在の福島市にあった福島尋常中学校に入学、生家を出て寄宿舎から通う。同校は校舎の火災全焼などもあり、二年後、現在の郡山市に移転、のちに県立安積《あさか》中学校と改称される。県下の俊秀が集まる同中学でも貫一は同級生の追随を許さず、好成績を維持した。前出の雑誌『婦女界』に、親友の証言が載っている。

「天才、というよりほかに、名のつけようもない凄い男でした。［中略］国語、漢文、地理、数学、何んでも百点の成績で、安積中学での、特待生の元祖になつたほどの頭脳《あたま》の持ち主でしたが、わけても英語がすばらしく、英和辞典を片つぱしから暗記して、一枚々々破りすてたものだから、とう〳〵表紙の皮だけが残つた。それを校庭の桜の根元に埋《うず》めたので『朝河桜』と評判になり、後のちまで全校生徒の励みの資料《たね》となつたものです。」

筆者は貫一が学んだ旧安積中学校の校舎と「朝河桜」が今なお残っていると聞き、郡山市の県立安積高校を訪ねた。地元の人たちが安高《あんこう》と呼ぶ同校はもともと安積郡桑野村という開拓地の原野に建てられたもので、郡山駅から車で十五分ほどの地にある。

校門を入ると、いきなり明治二十二年（1889）竣工の二階建ての旧福島県尋常中学校本館が目に飛び込んできた。この建物は戦前には県立安積中学校、戦後は県立安積高校の校舎兼講堂として昭和四十八年（1973）まで使われてきたが、鉄筋の新校舎完成に伴い、現在は安積歴史博物館（国指定重要文化財）となっている。

正面中央にせり出したバルコニーは、いかにも明治の木造洋風建築という雰囲気を色濃く漂わせており、味わい深い。かつて教室として使われていた各部屋は、同校を卒業した各界の著名人たちの事績を紹介する展示室となっているが、貫一だけは「朝河教室」と名付けられた一室が単独で割り当てられ、彼の誕生から死没までの歩みを示す展示物が壁一面とショーケースに並んでいた。

見学後、「朝河桜」を見るため校庭へ向かう。途中で出会った女子生徒に「朝河桜」の所在地を尋ねると、顔を赤らめながら「すみません、知りません」と答えた。だが野球部員の男子生徒は即座に「あそこです」と、校庭の西端を指さした。日々の練習中、しばしばボールが根元まで転がっていくから覚えているのかと、意地悪な思いがよぎった。

桜木は健在だった。貫一が在学していた頃、二本植えられていたようだが、やがてそのうち一本は朽ち果てたのか、伐採されていた。現在は、もう一本の老木と株分けした若木が残っている。「桜の花が咲くのはあと一カ月ほど先です」と、先ほどの球児が教えてくれた。

筆者の友人にも安高の卒業生がおり、彼らによると、貫一の秀才ぶりを象徴する桜伝説は在学中、何度も聞かされたという。また当時、毎年成績優秀者の上位三名には同校出身の新《しん》城《じょう》新蔵（天文学者・京都帝国大学総長）、高山樗牛《ちょぎゅう》（作家）、それに朝河貫一の名を冠した各賞が授与されていたという。

貫一は四年生から特待生となり、翌年首席で卒業した。その卒業式では流暢な英語で答辞を述べ、出席者を驚かせた。在学中に英語を教えたイギリス人教師トーマス・エドワード・ハリファクスさえも貫一の見事なスピーチに舌を巻き、「今に世界はこの人を知るだろう」（『最後の「日本人」』阿部善雄）と、絶賛したという。

アメリカ留学

貫一には中学を卒業後、東京へ出て上級学校で学びたいという希望があり、父親に告げると、「とんでもない、貧乏教師の我が家には東京へ行かせる余裕などない、郡役所にでも勤めたらどうだ」と、一蹴された。だが諦め切れない貫一はせめて東京まで行くための旅費として十円だけ与えてくれと、父親に懇願し、手に入れた（『婦女界』）。

明治二十五年（1892）秋、上京し、東京専門学校（のちの早稲田大学）文学科の編入試験を受けて入学した。実家から仕送りはない。友人の紹介により、キリスト教関係の雑誌への寄稿や夜間の英語教師、翻訳などのアルバイトで学費と生活費を稼ぎながら、学業に励んだ。

幸運だったのはこの学校で、坪内逍遥《しょうよう》、大西祝《はじめ》、夏目漱石、島村抱月ら当代一流の人物と出会い、薫陶を受けたことである。貫一はここでも努力を重ね、明治二十八年（1895）七月、東京専門学校文学科の第三回生として首席で卒業する。同期の仲間は二十二名、このうち貫一の卒業成績は総平均が九十四点余と、群を抜くものであった。

貫一は在学中、本郷教会（現東京・文京区本郷二丁目の弓町本郷教会）に通い、横井時雄牧師から洗礼を受けていた。横井時雄とは、幕末の政局にも影響を与えた肥後熊本藩の思想家、横井小楠《しょうなん》の長男である。その横井に貫一は早くから東京専門学校を卒業したら、海外留学をしたいとの希望を打ち明けていた。

実は貫一が英語力を磨いた理由の一つは海外留学を夢見ていたからである。戊辰戦争における郷里の藩の敗北は、新渡戸と同じく、子供心にも大きな挫折感を残した。長じるにつれ、薩長藩閥が大手を振る日本社会で、果たして自分の可能性を見出すことができるだろうかという疑問が芽生え、しがらみや制約のない海外で学問に専念したいと思うようになった。

横井は貫一の夢を叶えてやろうと、自身のアメリカ留学時代の同級生で、当時ダートマス大学の学長を務めていたウィリアム・ジューエット・タッカーに連絡をとり、留学の受け入れを打診する。するとタッカー学長は横井の申し出を快諾し、授業料と寮費の免除を約束してくれたほか、その他の生活費は貸費留学制度を活用すればよいと助言してくれた。同制度は後年、分割して借金を返済すればよいというから奨学金制度のようなものだったろう。留学資金のない貫一には願ってもない話だった。

ところが貫一にはアメリカへの渡航費用さえもままならなかった。アルバイトくらいではとても追いつかない。貫一は郷里の友人らに借金を依頼するが、それでも足りない。そんな貫一に手を差し伸べてくれたのは大西祝、徳富蘇峰、大隈重信、勝海舟ら当時の大物たちであった。とりわけ大西は自身のドイツ留学のためにコツコツと貯めていた虎の子の中から大枚百円を提供してくれた。こうした周囲の人たちの善意に支えられ、卒業から四カ月後の十二月、ようやく日本を離れることができた。二十二歳の誕生日は太平洋を行く船上で迎えた。

明治二十九年（1896）正月、アメリカ北東部ニューハンプシャー州ハノーバーに到着、ダートマス大学の一年生に編入学し、以後半世紀にもおよぶアメリカでの生活がスタートする。同大学で三年間学んだあと、名門イェール大学の大学院歴史学科に移り、学位論文『六四五年の改革（大化の改新）の研究』で博士号を取得した。

明治三十七年（１９０４）に日露戦争が勃発すると、貫一は英文で『日露衝突』を書き上げ、イギリスとアメリカで刊行する。この中で同戦争における日本の正義を説いて世界に理解を求めた。また同戦争中、日本弁護の講演を三十回以上も行った。

父の手紙

多忙な日々を送る貫一のもとへ、三十年におよんだ教職生活を退き、二本松に戻って暮らしている父正澄から頻繁に手紙が届くようになった。内容は健康を案じるもの、周囲の人々の消息、世の中の変化を伝えるもの、早期に帰国するよう促すもの、そしてある日、三十歳を超えた息子にそろそろ身を固めるようにと、見合い写真を送ってきた。どうやら正澄は貫一の花嫁を探し、日本で結婚させてしまえば、アメリカに戻るようなことはないと考えていたようだ。同時にそれは士族の家へ青い眼の女性を連れて帰るようなことはしないでくれというサインであったとも思われる。何といっても貫一は朝河家の跡継ぎであったからだ。

この手紙に対する貫一の返信が残っている。明治三十八年（１９０５）七月二十四日付の手紙を現代語訳する。

先日は田倉貞子なる女性の写真をお送りいただき、ありがとうございます。その女性の親は旧藩時代、どんな役職に就いていたのか、どんな家柄の方なのか、ご説明いただきたく思います。貞子さんについても判断材料が全くありませんので、結婚相手としてどうかと言われても、答えに窮するばかりです。ただしこのようなやり方で、大事な結婚話を進めるのはいかがかと思いますので、今後よくお考えいただきたく思います。もっとも彼女が育児や学問などについてどんな考えを持っているのか、さらりと聞いただけで一生の伴侶と決めてしまっては、のちのちどんな行き違いが起こるかもしれません。昔ならいざ知らず、今の世では簡単に結婚を約束しては、お互いに不幸のもとにもなりかねません。私は西洋の習慣をじっくり見てきて、その欠点も重々承知しておりますが、やはりお互いに相手をよく知り、愛し合う者が一緒になるのが、自然で安心できるのではと思います。［中略］今の世の中では、一度も顔も合わせたことのない者同士が生涯を約束し合うというのは、どんなに相手が善人だとしても、不自然なことのように思います。せめて文通するとか、何度かの面談を通して理解し合うことが大事で、それが互いの最低の義務であり、社会に対する義務ではないかと考えますが、いかがでしょうか。

（『朝河貫一書簡集』／朝河貫一書簡集編集委員会編）

だいぶまどろっこしい言い方だが、要は十分に相手を理解したうえでの結婚が望ましいということで、会ったこともない田倉貞子なる娘との結婚は現実として無理なので、その旨を先方に伝えてほしいということである。

同時に貫一は、結婚の条件として、経済力の確保を挙げている。つまり今の自分には多額の借金（渡航・留学費用）が残っており、現在、それなりに収入はあるものの、借金返済に加え、生活費、学業継続に必要な諸費用、それに「毎年御仕送申上らる金」などを除けば、いくらも残らないとしている。「御仕送」とは、日本の父親への送金を意味していたと思われる。したがって今後数年間は帰国費用の捻出もままならないので、帰国して結婚し、妻を同伴して再びアメリカへ戻る余裕などはとてもないと述べている。

最後に長男の自分が未だに結婚もせず、子供もいないのは先祖に対して相済まぬことだと詫びている。

結婚

　実は貫一が先のような手紙を書いた時、アメリカ人女性との結婚話が大詰めを迎えていた。それゆえに父からの見合い話を別の理由をつけて断ったのである。父親にそのことを伝えなかったのは、落胆させたくなかったからであろう。

　その頃の正澄は二年前に後妻のエヒを失くし、一人暮らしを続けており、気弱になっていた。息子へ帰国を促す手紙を頻繁に寄越し、見合い写真までを送ってきたのは、日本に戻って自分のそばで暮らし、安心させてほしいという願望にほかならず、貫一もそれは痛いほど分かっていた。

ミリアム・キャメロン・ディングウォール
福島県立図書館所蔵

　貫一はダートマス大学を卒業し、コネチカット州ニューヘイブンのイェール大学の大学院で学んでいた時、この町でバターや鶏卵を生産する農場主の娘、ミリアム・キャメロン・ディングウォールという明るくやさしい女性と出会い、たちまち恋に落ちた。

二人がいつ、どのようにして知り合ったのかについて記されたものは、残っていないため不明だが、前出の『最後の「日本人」』の中にこんな記述がある。

「朝河も三上にだけは、自分の結婚について『小説的風聞』が立っていること、つまりロマンスにいろどられたものであったことなどを明かしている」

三上とは当時、東京大学史料編纂所の所長を務めていた三上参次のことで、貫一とは公私にわたって格別の親交があった。周囲に「小説的風聞」が立つほどというのは、いったいどのような「熱愛交際」だったのだろうか。

自由の国アメリカでの生活が長くなった貫一は、父親とは違い、外国人に対する拒否感などはさらさらなく、たまたま愛した女性がアメリカ人だったに過ぎない。

見合い話に応じられないという父親へ手紙を送ってから、わずか三カ月後の明治三十八年（1905）十月十三日、二人はニューヨークのクラウンポイント教会で結婚式を挙げる。この時、貫一は三十一歳、ミリアムは二十六歳であった。父正澄には無断であったことは言うまでもない。

その後も事情を知らぬ父から帰国を促す便りが届く。貫一はその希望に沿いかねるとの返事を出すが、その理由について「愛と義の一致」という、いかにも貫一らしい論法で説明している。

我等は世に生れたる以上は、世に対する義あり。処世の決断は高き義心に依る外なく候。［中略］父上よ、我等は愛情あれども亦義心あり。愛と義との同一方面に向はんこと私の大願に候。十年来、私の申上げしは只々此の一事のみ。今云ふところ亦この一事のみ。

（『朝河貫一書簡集』）

つまり自分が取り組んでいる学究課題は世のため、人のために役立つもので、恩師のタッカー学長からも期待されている。父と自分は愛情で結ばれているが、とはいえ、「帰国しろ」「はいそうですか」というように個人的な事情を優先し、その目的を放棄するようなことがあってはならない。自分には社会に対してなさねばならぬ義務があると、貫一は言うのである。

そんな貫一のもとへ思いがけずに一時帰国する機会が巡ってくる。イェール大学図書館やアメリカ議会図書館から日本関係の図書収集の依頼が飛び込んできたのである。明治三十九年（1906）二月、約十年ぶりの里帰りが実現する。この時は新妻のミリアムを同伴せず、単身での出張となった。父の許しを得ぬまま結婚した女性に会わせるわけにいかなかったからである。

横浜の波止場には二本松から出て来た正澄が出迎え、再会を果たした。だがこのあと、貫一は東京で恩師や友人たちの挨拶まわりに時間をとられ、父と子がゆっくり言葉を交わす機会を得たのは、横浜到着から一週間後の同月二十三日、二本松の正澄の隠居所だった。

ここで貫一はミリアムとの結婚を報告したが、予想していた通り、父親はなかなか首を縦に振らなかった。説得にはかなりの時間を要し、最終的には貫一がアメリカへ戻ってから神式の、つまり日本風の結婚式を改めて挙げるという条件で、ようやく承諾を得たとされる（『最後の「日本人」』）。

父も息子の意志の堅さに折れざるを得ず、日本での同居という夢を断念したのであろう。その正澄は息子との再会から七カ月後の同年九月二十日、腸捻転であっけなく世を去る。六十二歳であった。プロフェッサー朝河の父親の死はアメリカでも話題となり、現地では息子が外国人女性と結婚したことを悲観して自殺したのではという噂も飛び交ったという。

貫一は葬儀を済ませると、日本関連の図書収集作業を加速させながら、日本の学術関係者と交流したり、かつて訪米中にイェール大学を訪れたことのある伊藤博文や政府要人らと面会を重ねた。

一年半の日本滞在を終え、貫一がミリアムのもとへ戻ったのは明治四十年（１９０７）八月、ただちにイェール大学の講師として迎えられ、その翌月、貫一は再度挙式する。式は首都ワシントンの日本大使館で、青木周蔵大使夫妻の媒酌により、父との約束通り神式で執り行われた。ここにミリアムは晴れて「朝河美里安」という名の日本国籍の女性となった。

安積歴史博物館の「朝河教室」に夫妻の写真が展示してある。片や頭髪を七・三に分け、ふちなしの眼鏡、口を真一文字に結んだ生真面目そのものの顔つきの貫一、これに対してミリアム夫人は髪の毛を大きく膨らませ、にこやかな笑みを浮かべており、その陽気な表情はアメリカ女性そのものである。

その後の貫一

家庭を持つと、ますます日々の研究に力が入り、日本式での挙式の翌年、貫一は彼の代表的な著作とされる『日本の禍機』を出版し、この中で日本外交の背信を戒め、日本の愛国教育を批判した。同書は『日露衝突』に続き、国際社会に向け、日本の進むべき道に誤りなきよう熱情をもって提言したものである。

そんな貫一の活動を陰から支えたミリアム夫人との生活は、いかにも武家育ちの学者の家庭らしく、清貧という言葉がぴったりだった。朝河家を訪ねた坪内士行《しこう》がこんな感想を述べている。士行は坪内逍遥の甥で、当時ハーバード大学に留学中であった。

夫婦二人ッきりの、さゝやかなその住居は、簡素そのものゝようでありながら、いかにも内面からにじみ出す愛情があふれ出て、噛みしめれば噛みしめるほど味の出るという風な人徳を感じました。ありあまる暮しをされていたのではないことは、その小じ［原文ママ］んまりとした部屋や、きよう応をうけた食卓にも知られましたが、それらすべてが、いかにもプロフェッサーらしい落着きを見せ、私の心にやさしい愛の鞭を加えてくれるのでした。（『婦女界』）

子供のいなかった夫妻は、しばしば愛犬を連れ、仲睦まじそうに肩を寄せ、公園を散策する姿が周囲の人々に目撃されている。また旅先から貫一がミリアム宛に出した手紙には、どれも決まって冒頭は「我が最愛の人よ」、結びは「愛情をこめて」となっていた。

しかし二人の穏やかな時間は長く続かなかった。ミリアムの持病のバセドウ氏病が悪化し、大正二年（1913）二月、不帰の客となった。まだ三十四歳という若さであった。『朝河貫一――ある史学者の略伝』（桑原善作著）によると、ミリアムはニューヘイブンの簡易療養所で亡くなったが、実はもっと設備の整った市立病院へ入院するよう周囲から勧められていた。しかし彼女は市立病院となると、より多額の費用を要するので、これを断っていたという。こんなところにも、つましい生活を心掛けたサムライの妻のような彼女の性格がうかがえる。

葬式が終わり、一人きりになった時、貫一は声を上げて泣き崩れ、その死を悲しんだという（『最後の「日本人」』）。友人への手紙に「妻を失って傷心の極みです。居ても立ってもおれぬほどです。しかし家庭のことに煩わされず、勉強する時間が増えたことだけが慰めです」と書いた。二人の結婚生活はわずか八年でピリオドを打った。

二度目の恋

妻に先立たれた貫一の後半生について、ほとんどの伝記は「再び妻帯することなく学問の鬼と化した」などと、脇目も振らず、ひたすら学究生活に没頭していたかのように記してい

ソフィア・アラベラ・アルウィン
アルウィン学園所蔵

る。たしかにしばらくはそうだったのだが、妻の死から五年後、四十五歳を迎えた貫一に再び恋の季節が到来し、心浮き立つ日々が始まっている。

それは貫一の二回目の帰国の時のことである。大正六年（1917）、イェール大学から日本の中世史研究のため、東京大学の史料編纂所へ留学が許可され、七月に横浜に着いた。以後二年余り、滞在し、各地の寺社や旧家に所蔵されている古文書の調査にあたったが、のちに世界的評価を受ける著作『入来文書《いりきもんじょ》』も、この時、鹿児島県内に残る武家文書の調査分析をもとに執筆したものである。

恋はこうした多忙な研究活動の日々の中で芽生えた。

貫一の日記に「ベラ」という女性の名が初めて登場するのは、帰国してから七カ月が過ぎた大正七年（1918）一月十六日のことである。彼女は明治十六年（1883）、アメリカ人の父ロバート・ウォーカー・アルウィンと日本人の母武智イキとの間に生まれ、正式の名をソフィア・アラベラ・アルウィンと言い、愛称がベラであった。

ロバートは幕末にアメリカの船会社の駐在員として来日、ベラが生まれた時には駐日ハワイ王国公使を務めており、サトウキビ産業の労働力として多くの日本人をハワイへ送り込んだ人物として知られる。母親のイキは浅草で海産物問屋を営む旧土佐藩士の養女で、ロバートに見初められ結婚したが、日米双方で法的に婚姻が認められるまでに時間を要した。

貫一がベラと初めて言葉を交わしたのは、東京・芝三田綱町（現港区三田二丁目）の旧佐土原藩（現宮崎県）の江戸上屋敷跡（現慶應大学三田キャンパス裏）にあったアルウィン邸で催された夕食会の時である。ちなみにアルウィン邸跡はその後、三井家が買い取り、鹿鳴館などを手掛けたジョサイア・コンドルの設計によって重厚な大型洋館が完成、三井財閥の迎賓館となった。そして現在、由緒ある建物は「綱町三井倶楽部」と称され、三井グループ関連企業の会員制倶楽部としてパーティや結婚式などに使われている。

この夜の出会いで、貫一は十歳も年下ながら、自立し、自分の意見をはっきり口にするベラにすっかり魅せられ、以後七年にわたる交際が始まる。貫一とベラが交わした「愛の書簡」は八十一通にのぼり、これらを詳細に分析した朝河研究者の石川衛三は、貫一がなぜベラを必要としたのかについてこう推測している。

「もろもろの因襲的な歴史から自由な、超『近代』国家、アメリカという、きわめて異質な文化圏のまっ只中に生きるため、その『淋しさ』と『不安』、そして『緊張』と『心の痛み』をいやし、和らげてくれる〈防壁とクッションとしての場〉を、朝河は痛切に必要としたことでしょう」

（「朝河貫一の愛と人生」）

貫一自身も求愛の手紙にこう記す。

「私は〈完全な個人的献身〉及びその表現をこの手にして始めて、私の授かった天賦を開花し、結実させ得るように生まれついた人間です。それは、私の人生の目的でこそないけれど、正にそのための必要条件なのです。この完ぺきな個人的献身を得て始めて、私は大地をしっかり踏みしめ、喜々として仕事に精励できるのです。大いなる神は貴女という人格を、私の個人的献身の対象として私に与えて下さった」

（「朝河貫一の愛の人生」）

相変わらず理屈っぽい内容だが、要はベラという心の安定を得て学究生活に打ち込みたいということである。彼の言う「個人的献身」とやらを「ラブ（愛）」と置き換えてもよいだろう。

そうかと思うと、貫一の手紙の中には、高ぶる感情を露わにしたものがないわけではない。

その一部を抜粋する。


「まあ、何という嬉しい手紙だ！　私のこの心が、求めてやまない『夢』の中のあの人から、こんな素敵な手紙がくるとは。」

「そんなに私のことを想って下さり、又そんなに信頼して下さっているとは、本当に感謝の気持ちで一杯です。」

「私は禁断の聖域に足をふみ入れた男です。しかし、両膝を屈してお願いいたします。少なくとも『友人としての私』を、この際放逐したりせず、どうぞ、私の今後とるべき態度を私にご指示下さいませ。」

「それにしても一応、人を愛し、かつ愛された経験をもち、そして多年、同年輩の大方の男性よりも、見聞と思索を重ねてきた四四才［原文ママ］のこの男が、人並みに夢をみることを望むことは、許されないものなのでしょうか。」

「たまらなく淋しい…あなたのいない東京は私にとっては砂漠の町にすぎない…あなたの存在が私にとっていかに大きいものか、つくづく知らされました。」

「もう少し待って下さらないの、と貴女はおっしゃる。いいですとも、いつまでも待ちます、私を好いてくれさえしたら……」
（「朝河貫一の後年を彩った女性」石川衛三）

謹厳実直な大学者からはとても想像できない、まるで恋の熱に浮かされた少年の文のようである。

結末

ベラについて少し説明しておこう。彼女は二十代でアメリカに留学するが、目的は幼児教育の専門家になるための知識習得にあった。これを機にベラは当時日本にはなかった幼児教育の専門家の育成機関を設立しようと決意し、留学後はイタリア、ドイツ、イギリスなどを巡歴し、その分野の権威から指導法などを学び、大正三年（１９１４）に帰国した。その二年後、東京市麹町区（現千代田区麹町）に私立玉成《ぎょくせい》保姆養成所と玉成幼稚園（現アルウィン学園）を開所する。三十三歳になったベラは自信に満ちあふれ、意気に燃えて保母の養成に取り組んだ。

二人は出会った時、それぞれ教える対象こそ大学生と未就学児童と違っても、同じ教育者として共鳴し合うものがあったようだ。貫一もベラと出会った翌週、自ら志願して保母養成所を見学に訪れている。

二人は貫一の日本滞在中、手紙や電話でコンタクトをとり、そして頻繁にデートを重ねていたことが日記から読み取れる。だがベラは容易に貫一の求愛を受け入れようとはしなかった。その理由の一つは、彼女には貫一の出現する以前から恋人がいたのである。二人が知り合って半年ほどが経った大正七年（１９１８）七月二十日のベラからの手紙に、彼女の苦悩が綴られている。

「[前略] 彼（恋人のこと）の受けつつある苦悩は、私にも一半の責任があり、いつも責めを感じています…そして更に奇妙に思えることは、私の愛情があげて別の男性に向けられているのに、貴方という方が突如、私の前に現われて、この無にひとしい私を、心にかけて下さる事です。[中略]

しかしながら不幸なことに現在の所、貴方がお望みのものを私はお上げできません。こんなにも彼が好きでたまらない理由は、何もないのに、なぜかその気持が収まる気配は無いのです。私の全存在から、この気持ちを取り除くことが出来たら、と願うばかりです。」

（「朝河貫一の後年を彩った女性」）


ベラとの関係が進展をみないまま、貫一に日本を離れる日がやって来る。大正八年（1919）年九月十二日、貫一はこの日、彼女に別れの電話を掛ける。


午前中、私は『では出発するから…』と、B［ベラのこと］へ電話する。私の声は思わず息が詰まっている。彼女の声も向こうの電話口で泣いている。

（「朝河貫一の後年を彩った女性」）


何とももどかしい二人の仲だが、それだけであった。

アメリカへ戻った後も、貫一と日本のベラとの間で手紙の交換があったが、ベラの気持ちに変化はなく、貫一は思いを遂げることができぬまま、やがて恋は幕を閉じる。それはベラに離れ難い別の男性の存在があったからというより、貫一との間に埋め難い微妙な価値観の相違があったからではないかと思われる。

亡き先妻ミリアムがそうであったようにベラに対しても、献身的な愛を求めながら、どこまでも自分を客観視し、冷静な態度を崩さない生真面目な貫一、一方のベラは研究者としての貫一を尊敬し、好感を抱きつつも、いま一歩踏み出せない何かがあったのだろう。ベラは貫一を含め幾度かの恋愛を経験したとみられるが、結局生涯独身を通し、幼児教育に打ち込んだ。貫一のパートナーになるより、幼児教育の方が、人生における優先度が高かったということだろうか。

一方の貫一はベラとの別離のあと、文字通り、学究生活に没頭し、多くの研究成果を発表するとともに、昭和十二年（１９３７）、日本人として初めてイェール大学の教授に就任し、後進の指導にあたった。同時に象牙の塔に閉じこもることなく、袋小路に入り込んだ日本の外交政策に警鐘を鳴らし続けるなど、平和の提唱者としても積極的に行動した。

とりわけ日米開戦が必至という情勢の中、日本の指導者に対し、日本軍の大陸よりの撤退、日独伊三国軍事同盟の破棄、日本における政治と軍事の分離、民心と教育の開放を即時断行すべしと訴えたことは注目に価する。国の外から祖国を客観的に観察できる立場にいた貫一だからこそ、「日本の禍機」を察知し、警告を発したのである。

また、日本の危機を回避するため、時のルーズベルト大統領から天皇宛てに親書を送って説得してもらおうと考え、貫一は親書の草案を書き上げ、ホワイトハウスと太いパイプをもつ仲介者に手渡した。不幸にも親書は天皇のもとへ届く前に、日米が戦争に突入したため、生かされることはなかった。

昭和二十三年（1948）、七十四歳で没した貫一の生涯を振り返ると、学者として国際的名声は手に入れたが、私生活においては妻ミリアムとの死別、恋人ベラとの別離など、愛した女性たちとの縁は薄かった。その意味では、賢婦人と生涯を共にした同じ東北人の新渡戸稲造とは明暗を分けたが、ともにサムライ教育を受けながらも、若い時に入信したキリスト教の信仰と自由の国アメリカでの生活を通じ、女性に対し、偏見を抱くことなく、一人の人間として尊重する心を保持し、生真面目に愛し続けた。

安積高校見学の翌日、二本松まで足を伸ばし、もう一度、貫一夫妻の眠る墓地を訪ねた。前日までのポカポカ陽気が一転し、早春の氷雨が降りしきる日で、高台の墓地から市街地をはさんで真正面に位置する霞ヶ城（二本松城）跡は、ぼんやりかすみ、安達太良山も厚い雲に阻まれ、望めなかった。

雨に濡れて黒光りした二つの墓石のうち、貫一の墓前には今でも訪れる人が絶えないと見え、たくさんの香華が残っていた。筆者も郷土の偉人に手を合わせたあと、振り返ると、安高の「朝河桜」から株分けされたという桜木が目に飛び込んだ。二十余年前、まるで墓守のように植えられた幼木は、ようやく高さ四メートルほどにまで育ち、寒風に揺れていた。

おわりに

明治初期に海外留学した日本人の若者が、渡航先で現地の女性と恋に落ちたケースは数多くあった。本書ではドイツ、イギリス、アメリカの三国に学んだ「サムライ留学生」九名を取り上げたが、一部は皇族や公家に仕えた勤皇の志士なども含んでいる。彼らの恋の「戦績」は、結婚までこぎつけたケースが五件、短期間での離婚を含め、実らなかったのが四件とほぼ互角である。

時代が江戸から明治へ変わったとはいえ、人々の発想までが一気に切り替わるはずもなく、欧米の最先端知識を吸収しようと意気に燃える開明的な若者たちでさえ、長い間、行動を律してきた武家社会の規範に縛られていた。

男女交際においても、自分の判断だけで相手を選ぶような行動は許されず、家と家との結びつきが優先されたから、多くの若者は親や周囲がセットした縁談を、無条件に受け入れるほかなかった。

ところが渡航した先は、個人の意思が尊重され、行動上の制約も少ない社会で、留学生らもこうした社会に馴染んでいくにつれ、旧習の呪縛から解放され、現地の若者たちがそうであるように、自分の意思で恋に走る者が現れた。

若い二人がどのようにして出会い、交際を発展させていったのかは、それぞれのケースで異なるが、少なくとも本書の九名について見る限り、相手の女性に対し、初めから違和感や偏見を抱いたという形跡は見受けられず、あくまでも当人たちの好悪の感情や相性などによってカップルが誕生している。

むしろ二人は互いに異文化の中で育った相手に興味を抱き、より知りたいとの欲求が、愛へ昇華したのではとも思われる。もちろん男女の仲は他人にうかがい知れないが、サムライ留学生たちも一時の激情に駆られたのではなく、プライドや節度を持って接しつつ、その中で日本女性にはないものを持つ彼女らに魅かれていった。

その意味で、旧信州上田藩主松平忠礼が留学先のアメリカで受けたカルチャーショックが興味深い。彼はアメリカに渡ってから接した女性たちが、日本に残してきた無表情、無感動、無反応の「お姫様妻」とは、あまりにもタイプの異なることに大きな衝撃を受ける。やがて彼はアメリカ女性こそ理想の女性像であると思うようになり、妻との暮らしを一日も早く解消しようと動き出す。日本の女性にはない自立し、自己主張する女性に心を動かされた留学生は忠礼ばかりではなく、彼の弟の忠厚しかり、川田龍吉しかり、新渡戸稲造らもまたしかりである。

彼らの留学から一世紀余を経た平成の初め、当時皇太子だった現天皇のお妃候補が世間の関心を集めていた。記者から理想のお妃像を尋ねられた殿下は「自分自身の意見をしっかり持っていること」と語った。その発言に至ったのは、かつてイギリスのオックスフォード大学に留学した時、男子学生と活発に議論する女子学生の姿を見て感心したことにあるとされ、妃には自分の意見を発信できる人がふさわしいとして、海外経験の豊富な雅子皇后にプロポーズされたという。

さて順調に愛を育んできた当人たちの視野にやがて結婚というゴールが入ってくると、その時「待った」をかけたのは、双方の関係者、いわゆる「外野席」の人たちであった。留学生自身は海外に出て先進の学問を学び、合理的な思考を身につけたが、日本にいる親、親族、取り巻きたちは依然として前時代の因襲の殻から抜け出せず、外国人女性との結婚に難色を示した。たしかに当時の日本人は三世紀におよぶ「鎖国」により、異国人との接触機会がなかったため、彼らに対し、理屈抜きに忌避感や嫌悪感を抱く者も多く、つい近年まで「毛唐」なる蔑称も飛び交ったほどである。

幕末に「攘夷」という外国人排斥思想が吹き荒れた長州藩では、文明開化の世を迎えてからも、頭にこびり付いた旧思想を払拭できぬ者がおり、息子からドイツ女性との結婚話を告げられた父親が「なぜ夷狄《いてき》と蔑んだ国から嫁を迎えるのか」と、困惑の表情を見せたという話を本文内でも紹介した。

とりわけ士族の家では血統の維持、いわゆる「純血主義」に固執し、婚姻に際しては、家柄や家格を重視したから、家系に見知らぬ異人の血が混じることなどは論外で、先祖へ面目が立たぬという考えが根強かった。

また宗教や生活習慣の異なる者が、自分たちの血縁社会にうまく同化できるのかという懸念や、外国人妻がいては出世の妨げになると思い込む者さえいた。

さらに青木周蔵、井上省三らのように、日本に妻や婚約者がいながら、留学先の女性と恋に落ち、結婚にまで発展したケースでは、いかにして日本に置いてきた妻や親族らに離婚を認めさせるかという問題が残った。当時の新聞に「既婚留学生は妻の同伴を義務付けるべし」との主張も掲載されたというから、この種のトラブルは少なくなかったとみえる。

それとは逆に尾崎三良や藤堂高紹のように外国で結婚していながら、単独で帰国し、日本女性と新たに家庭を持ったり、良縁になびくようなケースもあった。

どちらのケースでも、男性中心のサムライ社会に育った彼らは、自己都合で妻らに離婚を言い渡すことをさほど深刻なものと考えず、最後は女性側が折れ、受け入れるはずと高を括ったり、あるいは誰かがうまく収めてくれるだろうと楽観視する傾向があった。欧米留学を通じ、近代的知識人に生まれ変わったかに見えた彼らにしても、女性軽視や女性差別という旧時代に身についた発想を切り替えることはできなかったようである。

一方、女性側から持ち出されたのは、まず嫁ぎ先が遠過ぎ、二度と会えなくなるのでは、あるいは見知らぬ国の生活に馴染めるのかという心配である。これは娘を送り出す側の親の気持ちとしては無理からぬ話である。

だが厄介なのは日本が非キリスト教国ということで、青木のように親族から結婚条件として改宗を求められたケースである。青木の場合は頑としてこれをはねつけたが、宗教問題で悩んだ者もいたことだろう。もっとも留学生の中には、渡航前に受洗したり、渡航後に進んで入信する者もいて、共通の信仰が二人の理解を深める役割を果たすこともあった。

このほか新渡戸稲造が経験した黄色人種への露骨な差別や日本人イコール劣等民族、日本イコール非文明国であるという偏見も根強く残っていた。どれもこれも日本や日本人についての理解不足による根拠のない誤解で、まさに文化、価値観の相違、いわゆるカルチャーギャップであった。

これらは日本が国際社会の一員となる過程で、避けて通れない関門のようなものであった。やはり頻繁な交流なくして相互理解は進まないし、男女の恋も芽生えない。グローバル時代と呼ばれる今日では、恋愛や結婚相手を、相手がどこで生まれ育ったのかではなく、人間性や能力、相性で選ぶ時代に入っている。

その意味で、サムライ留学生は恋愛を通し、日本人の国際化をも推進した「時代の開拓者」だったと言ったら、言い過ぎになるだろうか。

◎参考・引用文献

＊全般＊

『国際結婚第一号』小山騰著／講談社／１９９５
『日本の内と外』伊藤隆著／中央公論新社／２００１
『海を越えた日本人名辞典』富田仁編／日外アソシエーツ／１９８５
『近代日本の留学史』石附実著／ミネルヴァ書房／１９７２
『近代日本海外留学生史』渡辺実著／講談社／１９７８
『ひとり白虎』植松三十里著／集英社／２０１８
「幕末オランダ留学生の研究」宮永孝著／日本経済評論社／１９９０
『日本奥地紀行』イザベラ・バード著／高梨健吉訳／平凡社／１９７３
『江戸三〇〇藩　最後の藩主』八幡和郎著／光文社新書／２００４
『皇族・華族　古写真帖――明治・大正・昭和の肖像（別冊歴史読本）』新人物往来社編・発行／２００１
『日新館童子訓（新装版）』松平容頌著／土田直鎮現代語訳・校閲／三信図書／２００８
『朝日新聞』２０１９年2月23日付朝刊

＊ドイツ関連＊

『明治期のドイツ留学生――ドイツ大学日本人学籍登録者の研究』森川潤著／雄松堂書店／２００８
『日独交流１５０年の軌跡』日独交流史編集委員会編／雄松堂書店／２０１３

『青木周蔵――明治外交の創造〈壮年篇〉』水沢周著／日本エディタースクール出版部／1989
『青木周蔵――日本をプロシャにしたかった男（上・下）』水沢周著／中公文庫／1997
『青木農場と青木周蔵那須別邸』岡田義治・磯忍著／随想舎／2001
『青木周蔵自伝』坂根義久校注／平凡社／1970
『明治大臣の夫人』岩崎徂堂著／大学館／1903
「青木周蔵――日本・ドイツ・オーストリアの絆」ニクラス・ザルムーライファーシャイト著／前田智成訳／『上智ヨーロッパ研究』所収／上智大学ヨーロッパ研究所編／上智大学／2009
『品川弥二郎関係文書1』尚友倶楽部・品川弥二郎関係文書編纂委員会編／山川出版社／1993
「陸軍武官結婚条例」／『陸軍軍人服務必携』所収／伊藤近春編著／河東田寛林／1892
『彰義隊』吉村昭著／新潮文庫／2009
「北白川宮能久親王――明治帝を激怒させたドイツ貴族との婚約」浅見雅男著／『文藝春秋』2011年3月号所収
「国際結婚と襲爵騒動録――海を越えて結ばれようとした2人と大反対する親族・家族の人間模様」／『歴史読本』2013年10月号所収／中経出版
「北白川宮能久親王――出家の身でありながら、奥羽越列藩同盟の盟主に」広岡裕児著／『歴史読本』2014年8月号所収／KADOKAWA
「北白川宮能久親王」加来耕三著／『歴史研究』1995年11月号所収／歴史研究会
『皇族誕生』浅見雅男著／角川書店／2008
『明治天皇紀第4』宮内庁編／吉川弘文館／1970

「能久親王事蹟」森鷗外著／『鷗外歴史文学集第一巻』所収／岩波書店／２００１
『戊辰秘策――小説・輪王子宮公現』長尾宇迦著／新人物往来社／１９９８
『資料榎本武揚』加茂儀一著／新人物往来社／１９６９
『井上省三傳』井上省三記念事業委員会編・発行／１９３８
『井上省三とその妻子――ルードルフ・ケーニッヒの手記から』三木克彦編・発行／１９８６
『赤レンガ塀にドラマあり――井上省三と千住製絨所』市川謙作編著・発行／１９９３
「松野礀のドイツ留学時に同行した人々」小林富士雄著／『山林』２００５年10月号所収
『欧米印象記』中村吉蔵著／春秋社／１９１０
『長井長義伝』金尾清造著／日本薬学会／１９６０
『長井長義とテレーゼ――日本薬学の開祖』飯沼信子著／日本薬学会／２００３

＊イギリス関連＊

『サムライに恋した英国娘』伊丹政太郎、アンドリュー・コビング著／藤原書店／２００５
『新版　男爵薯の父　川田龍吉伝』館和男著／北海道新聞社／２００８
「男爵薯の父　川田龍吉について」館和夫著／『土佐史談』１９１号所収／土佐史談会編・発行／１９９３
「川田龍吉男爵について」千歳篤著／『函館郷土史研究会講演集』所収／１９６９
『開拓につくした人びと　第五巻』北海道総務部文書課編／理論社／１９６７
『ジャガイモの世界史――歴史を動かした「貧者のパン」』伊藤章治著／中公新書／２００８
『教育広報「きらめき」第32号』北斗市教育委員会編・発行／２０１４

『日本郵船株式会社百年史』日本経営史研究所編／日本郵船／1988
『破天荒〈明治留学生〉列伝―大英帝国に学んだ人々』小山騰著／講談社／1999
『尾崎三良自叙略伝（上・中・下）』尾崎三良著／中公文庫／1980
『尾崎三良日記（上・中・下）』伊藤隆・尾崎春盛編／中央公論社／1991～92
「一勲功華族における妻と妾――男爵尾崎三良の場合」森岡清美著／『淑徳大学社会学部研究紀要』第32号所収／1998
「霧のロンドン　国際結婚第一号はなぜ秘匿されたか」宮原安春著／『AERA』1992年9月15日号所収
『軽井沢物語』宮原安春著／講談社／1991
『萬朝報』1905年7月29日、30日付
『〈華族爵位〉請願人名辞典』松田敬之著／吉川弘文館／2015
『華族総覧』千田稔著／講談社現代新書／2009
「藤堂高紹に与へて積極的行動を勧むる書」水上行風著／『笑』1909年1月号所収／笑社
『国民新聞』1908年12月28日発行

＊アメリカ関連＊

「ラストプリンス松平忠厚のアメリカ永住」飯沼信子著／『歴史と旅』1997年8月号所収／秋田書店
「あるハタモトの生涯――私費米国留学生松平忠厚小伝」金井圓著／『トミーという名の日本人――日米修好史話』所収／文一総合出版／1979
『松平忠固・赤松小三郎――上田にみる近代の夜明け』上田市立博物館編・発行／1994

『赤松小三郎　松平忠厚――維新変革前後　異才二人の生涯』上田市立博物館編・発行／2000
『展示解説　上田藩の幕末・維新』上田市立博物館編・発行／1985
『上田藩松平家物語』松野喜太郎著／郷土出版社／1982
『トミーという名の日本人――日米修好史話』金井圓著／文一総合出版／1979
「将軍家・大名家　お姫さまの幕末維新」小宮山千佐著／『別冊歴史読本』所収／2007年11月号／新人物往来社
「上田藩主松平家の妻妾（上）」小宮山千佐著／『信濃〔第三次〕』59巻10号所収／信濃史学会編／2007
「開明国に学んだ藩主に嫁いだ姫君たち」小宮山千佐著／『カメラが撮らえた 幕末三〇の藩　藩主とお姫様』所収／新人物往来社／2012
『黄金のくさび――海を渡ったラストプリンス松平忠厚〈上田藩主の弟〉』飯沼信子著／郷土出版社／1996
『明治海外ニッポン人』伊藤一男著／PMC出版／1974
『日系人のコロラド』ビル・ホソカワ著、森田幸夫訳／柏艪社／2009
『コロラド日本人物語　日系アメリカ人と戦争――六〇年後の真実』今田英一著／星雲社／2005
『新渡戸稲造全集　第二十二巻』新渡戸稲造全集編集委員会編／教文館／1986
『日米のかけ橋　新渡戸稲造物語』堀内正己著／彩流社／1981
『新渡戸稲造傳』石井満著／関谷書店／1934
『新渡戸稲造――幼き日の思い出／人生読本』新渡戸稲造著／日本図書センター／1997
『太平洋の橋　新渡戸稲造伝』石上玄一郎著／講談社／1968
『新渡戸稲造1862―1933　我、太平洋の橋とならん』草原克豪著／藤原書店／2012
『新渡戸稲造』杉森久英著／読売新聞社／1991

『帰雁の蘆』新渡戸稲造著／弘道館／1907
『武士道』新渡戸稲造著、矢内原忠雄訳／岩波書店／1938
『原敬と新渡戸稲造――戊辰戦争をバネにした男たち』佐藤竜一著／現代書館／2016
『農業本論』新渡戸稲造著／裳華房／1898
『向学新聞』国際留学生協会編・発行／2002年6月号
「新渡戸博士追憶集」／『アメリカの新渡戸稲造――「太平洋の橋」取材記』（佐々木篁著）所収／熊谷印刷出版部／1985
『柳は萌ゆる』平谷美樹著／実業之日本社／2018
『二本松藩史』二本松藩史刊行会編・発行／1927
『板垣退助君伝』栗原亮一著／自由新聞社／1893
『最後の「日本人」――朝河貫一の生涯』阿部善雄著／岩波書店／1983
『朝河貫一――ある史学者の略伝』桑原善作著・発行／1968
『日本の禍機』朝河貫一著／講談社学術文庫／1987
「電脳博物館・朝河貫一」矢吹晋著／『文藝春秋』1997年7月号所収
「朝河貫一と遥かなる祖国」阿川尚之著／『外交フォーラム』1998年2月号、3月号所収／都市出版
「輝やける学聖・朝河貫一博士の生涯」／『婦女界』1949年3月号所収／婦女界出版社
『朝河貫一書簡集』朝河貫一書簡集編集委員会編／早稲田大学出版部／1991
「朝河貫一の後年を彩った女性」石川衛三著／『朝河貫一の世界』所収／朝河貫一研究会編／早稲田大学出版部／1983

「朝河貫一の愛と人生」石川衛三著／『朝河貫一　人・学問・思想』所収／北樹出版／1995
「朝河貫一・その青春の視座」井出孫六著／『朝河貫一　人・学問・思想』所収／北樹出版／1995
『荒野に水は湧きて――ベラ・アルウィンの生涯』伝記編集委員会編／アルウィン学園／1980
『日本の名門高校ベスト100　公立高校編』新生通信／2002
『維新の肖像』安部龍太郎著／潮出版社／2015

［写真］
那須塩原市教育委員会
国立国会図書館
共同通信社
山口県文書館
THE DANSHAKU LOUNGE
上田市立博物館
新渡戸記念館
福島県立図書館
アルウィン学園

※掲載した写真の中に一部著作権者と連絡が取れないものがありました。心当たりのある方は当編集部へ連絡をいただけますと幸いです。

［装幀］
柳平和士

熊田忠雄《くまだただお》

1948年、福島県生まれ。早稲田大学卒業後、1970年にニッポン放送入社。報道記者、報道部長、編成局長、取締役を経て、2005年に退社。以後、世界各地へ飛び出した日本人の足跡や江戸・明治創業の老舗商店の屋号来歴、東京・本郷の地域史などをテーマに執筆、講演活動を行っている。主な著書に『そこに日本人がいた!―― 海を渡ったご先祖様たち』『拙者は食えん!―― サムライ洋食事始』『世界は球の如し　日本人世界一周物語』(以上新潮社刊)、『明治を作った密航者たち』『お殿様、外交官になる――明治政府のサプライズ人事』(以上祥伝社刊)など。

サムライ留学生《りゅうがくせい》の恋《こい》

2020年　7月20日　第1刷発行

著　者　熊田忠雄《くまだただお》
発行者　田中知二
発行所　株式会社集英社インターナショナル
〒101-0064 東京都千代田区神田猿楽町1－5－18
電　話　03(5211)2632
発売所　株式会社集英社
〒101-8050　東京都千代田区一ツ橋2－5－10
電　話　03(3230)6080(読者係)
03(3230)6393(販売部)書店専用
印刷所　凸版印刷株式会社
製本所　株式会社ブックアート

定価はカバーに表示してあります。

ISBN978-4-7976-7386-9 C0021